卡尔·威特的教育 II

CARL WETER'S
EDUCATIONAL LAW II

[德] 小卡尔·威特◎原著

刘恒新◎编译

上海社会科学院出版社

图书在版编目(CIP)数据

卡尔·威特的教育Ⅱ／（德）威特原著；刘恒新编译. —上海：
上海社会科学院出版社，2004
ISBN 7-80681-574-0

Ⅰ.卡... Ⅱ.①威... ②刘... Ⅲ.儿童教育：家庭教育 Ⅳ.G78

中国版本图书馆 CIP 数据核字 （2004） 第 111593 号

卡尔·威特的教育Ⅱ

原 著 者：小卡尔·威特
编 译 者：刘恒新
责任编辑：华 华
封面设计：耀午书装
出 版：上海社会科学院出版社
社 址：上海市淮海中路 622 弄 7 号
　　　　http://www.sassp.com
　　　　E-mail:sassp@sass.org.cn
邮 编：200020
发 行：新华书店
邮购网址：http://www.republicbook.com
印 刷：三河华晨印务有限公司
版 次：2004 年 11 月第 1 版　2006 年 2 月第 2 次印刷
开 本：787 毫米×1092 毫米　1/16
印 张：14
字 数：220 千字
书 号：ISBN 7-80681-574-0/G·134
定 价：19.80 元

目 录
Contents

即使是普通的孩子，只要教育得法，也会成为不平凡的人，这是爱尔维修的话。我在儿子没生下来之前就坚信这一说法，并常常向别人宣传。我知道，为人类培养出一个天才要胜过生养出千万个庸俗的人。

父亲经常对我说，拥有了健康的身体，就等于拥有了人生的第一笔财富。但要保管好这笔财富，却需要付出一定的努力。

我虽然不敢自称为天才，但有一点是可以肯定的，那就是我在婴幼儿时期所受到的训练为我所取得的成就打下了坚实的基础。我相信，我之所以能够在十几岁就能取得其他人要到二十岁、三十岁才可能取得的成就，这完全得自于父亲在幼年时对我的教育和训练。

我认为培养孩子的感情是顶重要的事。我可不想儿子长成一个学识很高但却冷漠无情的人。因为，一个人一旦失去情感，就会变成一台冷冰冰的机器，无论他有多大的才华，也只不过仅仅充当机器的一块零件而已。不仅是人，连动物都是有感情的。能否陶冶好孩子的情感直接关系着他将来的幸福。

我要求你成为一个高尚的人，但不想让你变成一个什么都不会而只会读书的笨人。在我的心目中，能够掌握大量知识又有实际生活能力的人才是真正高尚的人。那种不能劳动也不热爱劳动的人，即使他有聪明的头脑，即使他拥有广泛的知识，也不算是一个高尚的人。

我想，连动物都知道在游戏中锻炼自己，训练技能，我们人类为何却不明白这个道理，非要孩子在枯燥无趣的状态下学习呢?为了儿子能始终快乐地学习，我意识到必须利用这种绝妙的学习方法。可以这样说，我对卡尔的早期教育几乎都是采用游戏的方式进行的。

父亲认为，教会孩子如何用钱的最好办法莫过于让他参与家计的经营管理。因为理财是最实际的能力，所以光讲道理没什么作用，实际体验才是最有效果的学习方式。

在我父亲老卡尔·威特的眼中，拥有知识和才能只是争取成就的第一步，是一个人走向完美人生的基础，在具备了这些最基本的素质之后，必须要学会在社会中更重要的生存能力。

"学习的意义在于使自己成为快乐的人。如果儿子你为了学习而失去了生活的乐趣，那么活着还有什么意思。"

正规教育只是给你知识的积累，而不能赋予你精神的活力和创造性。因此，希望你能妥善地协调好独立研究与接受知识之间的关系。只有这样才可能做出成绩来。

学习知识的最终目的是寻找智慧，这也是我对你最大的期望，成为一个有智慧的人。

译者的话

卡尔·威特是19世纪欧洲著名的神童,后来成为成就卓异的法学家和研究但丁的权威。这位学者写作了很多法学著作和研究但丁的学术论文,这是大家都知道的。但他还有一本著作却极少为人所知,就是现在这本《卡尔·威特的教育Ⅱ》。

众所周知,卡尔·威特并不是教育方面的专家,也没有专门研究过教育,他在教育上的经验,全都来自于其父老卡尔·威特对他所施行的教育。

然而这一经验却是不可小视的,它决不逊于一些专家学者穷毕生精力钻研出的一点学问。因为,这一经验的来源——老卡尔·威特的教育方法本身就是非同凡响的。靠着这一方法,老卡尔·威特把众人眼中的白痴变成了名闻全欧洲的神童,造就了历史上最有影响的少年大学生,也使原本注定拥有不幸人生的儿子过上了幸福而长寿的一生。

老卡尔·威特惟一的著作就是《卡尔·威特的教育》。这本书给现代教育的影响是极其深远的,它开启了近百年来世界性的儿童早期教育的大潮。一系列声名卓著的天才少年,巴尔、塞德兹、威纳等都是受益于此书。而在中国,当日本教育家木村久一将这种思想介绍过来后,很多有识之士都被它那巨大的威力所震摄。

哈佛女孩刘亦婷的母亲在书中写道:"应该永远感谢这些早期教育的倡导者和实践者,是他们给所有渴望把孩子培养成才的父母开创了一条成功之路。许多父母已按书中的方法培养了数百个中国早慧儿童。刘亦婷被几所世界名校所看重的素质,也是用书中的方法打下的基础。"

另一位教育学家王东华则在其专著《教育母亲》中赞叹道:"我的心慢慢地被它抓住了,接着被它绑架了,呼吸不出来,一种从未有过的巨大兴奋被搅动、压抑在心底!……由于该书的巨大震撼力,由于我们现实与之对照形成的巨大反差，也由于自己的经验被全部激活过来，我被完全俘虏了、吞没了。我知道我已经将自己全部交给了教育事业。"

老威特的教育思想尽管在今天造成如此大的影响，在他那个时代却默默无闻。他的书出版没多久就几乎成绝版状态，他的方法也乏人问津。因此，一则为了纪念父亲，另一则也为了为父亲鸣不平，小卡尔·威特在父亲去世多年后终于决定再写一本书，记述自己所受到过的教育。

客观地说，卡尔·威特是阐释老威特的教育思想的最佳人选了，他既是亲身体验者、受益者，又是一位学养十分深厚的大学者。在本书中，他以一位学者特有的严密治学方法，对父亲的教育思想进行了分类、归纳和总结。当然，对于父亲教育思想和方法中的不足之处，他也进行了客观而公正的批评。

他还做了一个创新工作，就是补足了自己14岁以后的教育情况。

所以，如果说《卡尔·威特的教育》一书中还存在着某些缺陷的话，那么此书就是它的一个全面的补充；如果说老威特的教育思想因时代局限还存在着不足或片面的话，身为学者的威特博士就是它们的纠正者。而且，他作为亲历者，还能提供很多第一手的材料，感受鲜活的事例，例如，他在书中引用了父亲大量的育儿日记和书信，这些都是极其宝贵的资料，使我们可以更全面、更深入地认识和研究老威特的教育思想。

我们的心愿不仅是让"天下父母共读之"，更希望"天下父母共行之"！

第一章

Chapter 1　　孩子的非凡人生从父母开始

> 即使是普通的孩子，只要教育得法，也会成为不平凡的人，这是爱尔维修的话。我在儿子没生下来之前就坚信这一说法，并常常向别人宣传。我知道，为人类培养出一个天才要胜过生养出千万个庸俗的人。

特殊"优生学"

我出生的时候，父亲已经双鬓斑白，他时年52岁了。洛赫村与我父亲同岁的农夫卡森伯尔的家里，也在几天后迎来了一个小生命，但那却不是他的儿子，而是他的孙子。

听说当我和那孩子一起受洗时，卡森伯尔嘲笑说："威特牧师，我和你的区别大概是骏马与毛驴的区别吧。"

父亲微笑着回答："在速度上也许是，但在最终到达的目的上可能正相反。"

"什么？"卡森伯尔不解地问，"您这话是什么意思？"

"我的意思是，您虽然有顶快的速度，但在盲目地生养儿女时，您有没有想过为什么要生下他们？您想把他们教育成什么样的人？您的儿子跟您一样是个不识字的农夫，您的孙子也必然会如此，这又有什么值得骄傲的呢？而我却不是盲目地生下儿子，对于未来的教育我有充分的准备，所以他必将成为非凡的人。俗话说，是金子一颗

也足够了。这才是骏马与毛驴的区别啊！"

这番话足够说明我父亲教育我的基本态度，即从出生前就认真负责，一直到底。他最反感那种因为传宗接代生养儿女，或者孩子是对父亲快感的惩罚的说法。在我有了孩子后，父亲经常对我说，孩子并非父母的私产而是上帝的子民，必须得到认真的对待，在生下孩子以前，父母就应该做好充分的准备和周详的计划。以后自然要全力施教，力求将孩子培养成为对家庭、对社会有益的人。

我以为，这是父亲教育思想的根本，也是他对我实施早期教育中第一个重要的环节。

据说，当时听了我父亲的那番话后，卡森伯尔哈哈大笑起来："你在说笑话吗，牧师？如果像小卡尔这样的傻孩子也能成为非凡的人，那只怕公鸡也会下蛋，公牛也能挤奶啦。"

确实，我当时因为是早产儿，先天不足，反应迟钝，显得极为痴呆。而卡森伯尔的孙子看上去却很机灵，不停地东张西望，反应极其敏锐。不论从哪方面看，我成为"毛驴"的可能性都大得多。然而，我父亲的预言却应验了，我在父亲的精心教育下，步步走进了人类智慧的殿堂，那孩子则与他的父亲和祖父一样，成了个一字不识的农夫。

父亲曾经说过："为人类多培养出一个天才要胜过生养出千万个庸俗的人。"基于这一崇高的目的，他对于我的教育的思考和准备，早在结婚前就开始了。

父亲是个有思想的人，他认为婚姻的目的是在于生养出合乎上帝要求的下一代。因此，他不像其他人那样为着情欲或其他一些目的就冒冒失失地跑进婚姻里去，而始终禀持审慎的态度。经过细致的挑选，在年轻的冲动完全退却后的中年，父亲才与母亲缔结了婚姻。

我母亲并不是个漂亮的女人，也没有丰厚的嫁妆，这在常人看来或许是缺少吸引力的，但父亲却认为她是牧师妻子的最适合人选。母亲是一个乡村教师的女儿，从她父亲那里接受了一般女性所接受不到的教育。她有良好的修养，知书达礼，然而更重要的是，她有一颗天使般温柔善良的心，她待人的仁慈与宽厚是远近闻名的。父亲只是个穷牧师，生活十分清贫，但我从没听到她有丝毫抱怨，她总是乐观的，使我们的生活充满了欢笑。

我能在幼年时被称为神童，并能在全球被誉为孩子的楷模，大家都将功劳归于父亲。可是，如果我没有一个这样的好母亲，这一切简直是不可想像的。

事实证明父亲对婚姻有着正确的认识，但像他这样明智的人却不多，普通人对婚姻的考虑可谓面面俱到，但唯独极少考虑到对下一代的影响，从而造成很多悲剧，我的堂兄凯因斯便是个典型的例子。

凯因斯的妻子是玛得布鲁特市一位银行家的独生女，家境的富有在该市数一数二，而且，她还是位出了名的大美人，在社交界顶受欢迎。但在他俩结婚以前，我父亲曾坚决反对这门婚事。

父亲规劝凯因斯说："你不认为你这位未婚妻有许多不好的习气吗？"

"我的上帝，怎么会？她是最完美的，哦，她是我最钟意的人儿。"

"我看你是被她的外表蒙住了眼睛，以致连近在眼前的事实也看不到。你这位未婚妻既虚荣又爱出风头，还有股自以为是的劲儿，听不进任何劝导。这样的人，怎能做一个好母亲呢？"

"亲爱的叔叔，您可真挑剔。这样一位美丽高贵而富有的小姐能看上我，就是我最大的幸运了，我还有什么可挑剔的呢？无论她有什么样的坏脾气，我都能忍受。"

凯因斯不顾我父亲的规劝结了婚。婚后，他们生下三个孩子。他妻子生下孩子就扔给保姆，自己成天忙于打扮和跳舞，参加社交界的各种聚会，或者与朋友一同出外旅行，孩子们极少见得到她，因而跟她十分陌生。对于我父亲忧心忡忡的劝导，她根本不予理会，只觉得孩子妨碍了她的社交生活。由于凯因斯也忙于银行的事务，三个孩子就在无人教养的情况下成长。其中一个生了病也没人问，因病情拖延而夭折了。另一个长大后因失手伤人被关进了监狱。还有一个成了只知花天酒地的纨绔子弟，因为赌博而将家财挥霍一空。

这时候，凯因斯的妻子才知道自己犯下了无可挽回的错误，但是已经太晚了，孩子们都恨她，不承认她是他们的母亲，也不见她，不久，她忧郁成疾而死。凯因斯也陷入了深深的悔恨之中，他痛苦万分

地对我父亲说：

"我的婚姻是个巨大的失败。我以前认为重要的东西其实毫无价值，而我认为不重要的，才是人生中最重要的事。"

我成人以后，父亲经常把凯因斯的教训讲给我听，他反复地告诫我：

"为了自己和后代的幸福，一定要记住，必须选择身体健康、内秀、善良的女人做妻子，千万不要被美貌、财富或门第所迷惑。"

创造天才，未雨绸缪

为自己选个好妻子，为孩子选个好母亲，这只是第一步，接下来，父亲仍然要为孩子的诞生做各种准备。

那个时期，他开始反省德国现行教育中的种种弊端与缺陷，努力想为自己的下一代找到更有效的教育方法。为此，他阅读了古往今来的大量的教育学论著，从古希腊哲学家柏拉图的《理想国》、15世纪意大利教育家威尼斯的《儿童教育论》、16世纪西班牙教育家比维斯的《基督教女子教育论》、北欧教育家伊拉斯谟的《幼儿教育论》、17世纪英国哲学家洛克的《家庭学校》、18世纪法国思想家卢梭的《爱弥尔》，直到与他同代的瑞士杰出的教育家，后来成为他的知己与支持者的裴斯泰洛齐所写的《母亲必读》。

这些论著使他获益非浅，构成了他与世无双的早期教育思想的理论基础。在我结婚以后，父亲又把这些好书推荐给了我，我也从中获益良多。每当在教育自己孩子的过程中遇到疑难之时，我都会在这些书中寻求答案。

父亲在那个时期的日记中写道："近来我对现在的教育作了认真的反省。越是反省，我越是对时下流行的教育思想不表同情，不仅不表同情，我还挺反对那些被视作权威的教育信条。

比如，什么教育必须开始于七八岁啦，太早教育有损儿童健康啦，或者人的天赋能力决定一切啦，这些被教育家们奉为金科玉律的观点在我看来都是毫无道理可言的。我认为，早期教育也许是更加合乎孩子的成长规律的教育。看看古代留下来的文献就可以知道。早在古希腊时代，雅典人就有了早期教育的传统了。这大概就是雅典的天才为何多如天上的繁星的原因吧。为了孩子不受愚蠢的现行教育的戕害，我决心抛弃掉旧有的教条，自己探寻出一套更利于孩子成长的教育方法来。"

在接触到的诸多教育理论中，父亲对早期教育的理论尤为心仪。为了更深入地了解这一理论，他遍读了所有能找到的古希腊、古罗马的文献，研究其中记载的雅典人的教育思想和教育方法。

通过这样的努力，父亲渐渐形成了自己的一套独特的教育理论，他公开提倡必须从婴儿时开始教育孩子。用他的话来说，"对儿童的教育应该与儿童的智力曙光同时开始，至于智力的曙光何时出现，也许是从第一声啼哭就出现了吧。只要父母们能这样做，再普通的孩子也能成为不平凡的人。"

由于这种观点与当时流行的教育孩子观点是背道而驰的，所以父亲遭到了许多人的反对。他坚持自己的信念，因而经常与别人发生争论，但是没人信他那一套。为此，他总是对母亲说：

"真希望上帝快一点赐给我们一个孩子，我一定用自己的方法来教育，让事实来说服那些顽固的人。"

上帝也许听到了父亲的祈求，没过多久，我的哥哥就诞生了。这时，父亲已经制定出了周详的教育计划，只等实施了。可是，仅仅几天以后，我的哥哥就被席卷哈勒地方的伤寒症夺去了生命。父亲的计划落空了。不过父亲也由于这个教训补上了早期教育的一个重要环节，那就是妊娠期的胎教。

父亲对这个时期非常重视，当得知我的妻子怀孕时，他特地写信来告诉我应该注意些什么：

"这个时期的重要性是无论怎样高估也不过份的。大家不是都爱说'天才是天赋所决定的吗'，我想，正确的理解应该是由这一时期所决定的。在你母亲怀上你哥哥的时候，我完全没注意到这个问题，在怀上你的时候，我注意到了，我和你母亲有做得对的地方，也有做得不

对的地方，这些，我都想让你知道，因为你也快要做爸爸了。

你母亲一怀上了你，我们就制定了严格的作息时间，尽量早睡早起，使生活更有规律，为此，我改掉了深夜祈祷和读书的习惯。为了你的健康，我和你母亲经常去野外散步走动，呼吸新鲜空气，我们还节衣缩食，以保证你母亲能吃到最有营养的食品。

怀孕是件很辛苦的事，孕妇经常会陷入身心都很烦躁的状况中。作为丈夫，我尽力给予你母亲更多的关怀、体贴和爱。当她情绪不好的时候，我就耐心地开导她，使她能够很快地摆脱不良情绪。你母亲也非常坚强，在怀孕期间，无论遇到多么悲伤的事，她几乎从不哭泣，竭力保持乐观开朗的心情。因为我们都知道，如果母亲在怀孕期间没有快乐的心境，就会直接导致婴儿发育不良。

你母亲天生有一副动听的嗓子，谁都知道她歌唱得很好，自从怀上了你，她经常轻轻地歌唱，做饭时，休息时，散步时，睡觉前，你在母体内随时都能听到她优美动听的歌声。一有音乐会，她从不放过，哪怕走上五英里路也去参加。每天，我都会从外面带回好看的鲜花和图画，并给她推荐一些好看的书，我还会在临睡前对她朗诵一首德语名诗。我们所做的这一切，儿子，都是为了你，为了让尚在母亲腹中的你提前感受到什么是美。

你来信说你的妻子对狗十分钟爱，还打算在家里多养几条狗。我认为这真是不妥。平时养养宠物倒没什么，但一旦怀了孩子，就应该远离猫狗等宠物才是，因为它们身上全带有一种对胎儿危害特别严重的弓形寄生虫。你母亲当年也喜欢在家中养宠物，你和你哥哥生下来都不太健康，我总怀疑与此有关。你一定要向你的妻子讲明这个道理。

养育一个孩子是多么烦琐的事，哪怕最微小的细节也必须考虑周到。你就快有孩子了，我多希望将自己的经验全都传授给你，希望你能少走弯路，好好培养你的孩子。"

父亲对我的一番苦心令我深受感动，我的儿子就在他的经验的培育下，一出生就是个活泼机灵，像半透明的红苹果般健康的孩子。

天才与痴呆儿只差一步

做好了一切的准备之后，父亲和母亲都忐忑不安地期待着我的诞生。在这之前，他们一直沉浸在失去第一个孩子的悲痛之中，可想而知，我的来临将给他们带来多大的快乐。

听村里的医生说，当他把刚出生的我抱给父亲看时，父亲连连说："感谢上帝。"他还把他的名字也给了我，我也叫卡尔·威特，由此可见父亲对我的钟爱之情及殷切的期望。

然而，我实在是个不争气的婴儿。由于母亲不小心摔了一跤，我提前一个月就出生了，出生时又脐带缠绕住脖子差点窒息，医生抢救了好一会儿，倒提着我的双腿又拍又打，我才终于哭出了声，但仍然四肢抽搐，呼吸急促。

医生都以为我活不成了，放弃了救治，也劝说我父母放弃："这孩子明显是先天不足，就算养了只怕脑子也会有问题，依我看放弃算了，你们还可以再生嘛。"

母亲却坚决地说："我已经失去一个儿子了，不能再失去一个，不管这孩子的情况有多糟，我们都不会放弃。"

我勇敢的母亲不顾生育后的虚弱与疲劳，日夜看护着我。母亲随时都把我抱在怀里，以便即时感受和回应我的各种需求。我当时连奶都不会吃，母亲就把奶挤出来，掰开我的嘴一点一点地滴进去。在她不懈的努力下，我居然奇迹般地活了下来。

不过苦难还远远没有完结，我因为身体太弱，接二连三地生病，先是脐带感染，后来又腹泻不止。村里人都议论说"这孩子准会和前面那个一样夭折。"但父亲仍不肯放弃，在那段时间他四处奔波，为我请医生、买药。后来还是格拉彼茨牧师推荐来一位医生朋友，才终于治好了我的病，结束了父亲的苦难。

这些似乎与教育扯不上关系，我在这里写上这么多，是为了感谢我的父母。那些事情我虽然只是听说，但我完全能感受到他们为我付出的辛劳，尤其是我现在也有了自己的孩子，更加体会出了他们的伟大。而且，正由于他们的这种勇气与毅力，才可能坚持进行早期教育，因为，他们还要经受更大的打击。

病好了以后，人们发现我的反应相当迟钝，显得傻头傻脑的。经过反复的测试，人们认为我是个智力低下的痴呆儿。我想，这大概是先天不足与生病期间大脑发育不良造成的吧。这似乎预示着父亲的教育计划将会又一次落空了。

看到我的情况，母亲再坚强也承受不住了，她悲伤地哭泣说："我们这是遭的什么样的罪孽呀！第一个孩子死了，第二个孩子又是个傻子，难道上帝是在惩罚我们吗？"

父亲一度也陷入了绝望，但他很快便振作起来，安慰母亲说："就算是吧，就算是在惩罚我们，那又有什么好抱怨的呢？上帝是公正仁慈的，他要怎样去安排这孩子谁也无能为力，但我却要尽到作父亲的责任，尽我的能力给他最好的教育。"

"什么？"母亲很吃惊，"你怎么还要……唉，一个痴呆的孩子再教育又有什么用呢？不过是白费力气罢了。"

"你们都说他是痴呆的，我却不这样认为。"

"我知道这个事实你很难接受，可这是明摆着的啊！我们现在惟一能做的，只有照顾好他的身体了。"

"不，事实不是这样。这几天我仔细想过了，我们并不是盲目地生养孩子，对这孩子的出生我们做了精心的准备和计划。这样出生的孩子不可能是先天性的痴呆，只不过早产和多病妨碍了大脑的发育。对，一定是这样的。这孩子只不过是大脑发育迟缓，就像赛跑，他起跑得比别人都晚，只要我们制定出周密而严格的教育方案，用正确的方法去教他，他就可以赶上甚至超过别人的。"

看到母亲怀疑的目光，父亲坚定地说："相信我，现在儿子虽然看起来像个痴呆儿，但我一定能将他培养成非凡的人。"

这件事我家的老佣人在我懂事后一次又一次地讲给我听，讲完后她总是钦佩地赞叹："哦，卡尔，你父亲可真是个顶了不起的人！他说的话大家开始都认为不对。可是，最后还是他对，包括你。瞧，你现在可不成了个非凡的人了吗？你应该为有这样的父亲而骄傲啊！"

事实确实如此。许多人都因为别人的议论而不能坚持自己的主张，父亲却不会。我的这种不令人满意的状况，更坚定了他进行早期教育的决心。

当时村里人都说父亲想把白痴教成聪明人，纯粹是异想天开。他们甚至已经开始为父亲的命运而悲叹了。这些议论给了母亲很大的影响，她时常偷偷地哭泣。为了彻底打消母亲心中的疑虑，他在海德堡晋见主教期间也不忘写信给母亲详尽论述自己的教育理论：

"我52岁才得到一个儿子，怎么会不爱他呢？看到他这种状况，我的伤心和着急比你更甚。

但正如他出生时你所说的，不管这孩子的情况有多糟，我们都不会放弃。为了儿子在成长中不至于落在同龄人后面，我决定仍然按照计划进行早期教育的试验。但是，你现在这样陷在绝望的泥潭里不能自拔可不行啊，须知，早期教育最需要的就是信心与毅力，而且你的参与又对儿子的成长有着至关重要的意义。

我已经反复跟你说过，依照我们那样的方法生下来的孩子是不会先天性痴呆的，就算禀赋差一点，也可以依靠后天的教育来补救。

所谓的天才，并不是只有少数人才拥有的禀赋，而是人人内心都潜藏着的能力。当然，有的孩子能力多一点，有的孩子少一点。

如果所有孩子都受到一样的教育，那么他们的命运不决定于其天赋的多少。可是，今天的孩子大都受的是非常不完全的教育，所以他们的天赋连一半也没发挥出来。那么，即使是生来具备100度能力的孩子，如果不施以任何教育，充其量也只能成为具备30度或20度能力的人。

你还记得裁缝贝克尔的儿子吗？那孩子小时候多聪明哪，还不满一岁就会说话数数了，无论教什么一遍就会了。当时大家都说他一定会成为非凡的人。可是我们劝贝克尔送儿子去上学他却当成耳边风。现在怎么样呢？那孩子还不是跟贝克尔一样成了个裁缝。

所以说，只要实施可以发挥孩子天赋八到九成的有效教育，即使生下来天赋只有50度的普通孩子，他也会优于生下来天赋为80度的孩子。

假设我们生下一个天赋为100度的孩子，那是我们的幸运，不过这

样的幸运极少人有，大多数人的天赋只是普通。我想，既然儿子的天赋不太好，埋怨悲伤又有什么用呢？要尽力使儿子的天赋发挥出八、九成，甚至更多，这才是我们该做的事。

请你相信我，对于孩子的成长来说最重要的是教育而不是天赋。孩子最终成为天才还是庸才，也不取决于天赋的大小，而取决于他从出生到 5 岁的教育。"

经过父亲的耐心劝导，母亲终于摆脱绝望，参加到了父亲的育儿工作中来。

这样，在怀疑与希望之中，我的教育开始了。

第二章

Chapter 2 **襁褓中的体能教育**

父亲经常对我说，拥有了健康的身体，就等于拥有了人生的第一笔财富。但要保管好这笔财富，却需要付出一定的努力。

天才的最好食物

由于我出生时体弱多病，父亲的早期教育计划里的第一步就是使我能拥有一个健康的身体。

我以为这是极其明智的。我们要能工作，要有幸福的生活，必须先有健康的身体；我们要建功立业，要在这世上出人头地，做个人物，也必须先有强壮的体格。

这些事情都是不言自明的，但真正做到就不那么容易了。因为，父母大多在生活上不由自主地娇惯孩子。有许多生下来很健康的孩子，就是由于娇生惯养而弄坏了身体。

父亲知道，我越是体弱，越不能有丝毫的娇惯，如果不能在幼时打下良好的底子，恐怕我将终生与健康无缘了。

富有营养的饮食是健康的保证。父亲为我的饮食费了颇多苦心。他们首先做的就是使我养成有规律的饮食习惯。我一熬过病痛期，他们就开始定时给我喂食，即使我有时饿得哇哇大哭，母亲也不为

所动，不到规定时间不给我喂奶。这样一直坚持到我能吃饭以后，两顿饭之时仍然只许喝水不许吃别的，以免胃老是得不到休息，血液也老是在胃部工作而不是集中在大脑，使大脑不能很好的发育。

有不少母亲，孩子一哭马上给东西吃，这样顶不好。孩子吃东西无定时，易患胃肠疾病，孩子不好养活。这一点我母亲坚持得不错，我开始慢慢长胖，不再瘦得像小猴似的了。

从我四个月时起，在吃母乳以前，母亲先给我喂蜜柑汁，后来又添加香蕉泥、苹果泥、胡萝卜泥、青菜粥等食品。过了一段时间以后，开始给我喂汤，吃煮熟的鸡蛋、马铃薯等。

我幼时成长各个阶段的食谱都是父亲和母亲共同商定的。为了使我务必吃到最有营养、最利于身体成长的食物，父亲对各种食品都进行了精心的、生物学家式的研究。

当我现在翻看父亲的育儿日记，发现我在婴儿期他记得最多的就是吃东西的事：

"今天给小卡尔做了一碗青菜粥，他吃得很香，吃完了小嘴砸巴砸巴的，还想要的样子，看来他是很爱吃。对于小孩子谷类算是顶好的食物了，可卡尔却不爱吃，这可怎么办？我请教了一些经验丰富的母亲，她们都说只要是孩子爱吃的食物就是最好的食物。所以我认为不必强求，只让卡尔吃爱吃的食物也能得到足够的营养。"

父亲在饮食上的谨慎我以为是顶明智的，这不光对于体弱多病的孩子，即使对身体健康的孩子也十分必要。贵族出生的孩子公认体格是好的，但原因并非大家以为的他们是吃山珍海味长大的，而恰恰在于这种对饮食的谨慎。

我小时候曾跟随塞肯得罗夫伯爵学习天文学，他慷慨地邀请我去他梅泽堡的别墅中住了一段时间，以便使用他的工具和书籍。

伯爵家的饮食是外人无法想像的简单。我与伯爵的六个孩子一天只吃两餐，早餐总是一块调制合宜、烘烤适度的黑面包，有时有一点牛油乳酪，有时干脆没有。因为早晨是念书的时候，所以不允许我们吃得太饱，以免昏昏沉沉。晚餐通常是牛乳、乳羹、粥米等常用的食品，作料加得很少，糖一点也没有，盐也只有少许。

当时我已五岁了，可以和大孩子们一起吃些肉食，但也只是做得极清淡的牛肉、羊肉、犊肉等，而且伯爵还特意关照我们要好好地嚼碎。三岁以下的小孩子则禁止吃肉。这一点与我父亲的方法不谋而合，我在两岁前也完全没吃过肉。

我们吃的水果也经过精心选择。西瓜、桃子、梅类和葡萄被认为汁液不卫生，餐桌上从来也看不到它们；成熟的草莓、樱桃、醋栗、复盆子、苹果和梨则经常作为我们的早餐。我们还可以吃不用糖渍的干水果，但一切糖果都在禁止之列。

至于伯爵本人也是顶节制的，毫无精食美宴之风。我们德国人都喜好烈性饮料，明知会给身体带来极大的危害也要逞口舌之快。伯爵每餐只喝一点淡啤酒，一切能使血脉贲张的东 西都不碰。

我以为这种饮食既合于卫生，也利于体魄。以伯爵为例，他如今已八十多岁了，仍然精神矍烁，他那六个孩子也个个长得身强体壮。

由于饮食是健康的根本，我还想再多说一点。我是受益于良好的饮食习惯的，因此对于这个问题格外研究过。

我在钻研中古历史时注意到，古代的人比现在的人更强健多来源于好的饮食习惯。奥古斯都是世界上最伟大的君王，据他自己说，他每天的食物只是在兵车里随便吃的一点点干面包。

辛尼加在他的第83封信里描写他自己的起居状况，也说他每天午餐只吃一块干面包，虽然他的年纪已到可以享受舒适生活的时候，而且他富有的财产也足以为他提供这种享受。

世间的伟大人物是如此，而古罗马的贵族青年也并不因为每天只吃一顿便觉得精神不饱，当时的风气是大家觉得每天吃了固定的一餐还要多吃，这简直是一桩骇人听闻的事情。直到奢靡之风开始盛行的凯撒大帝的时代，如果有人在日落之前就招宴宾朋，或赶赴筵席，还是要遭人责备的。

人的大多数疾病都是由于耽于口腹之欲。而我能从一个身体孱弱的孩子长成如今这个能够尽情享受各种生活乐趣的、健康的人，必须感谢父亲当初在饮食上的严格。

襁褓中的体育运动

听母亲说，我四个月时已长得健康活泼，各方面都像 10 个月的孩子，凡看到我的人都不肯相信我才仅仅 4 个月而已。得到这个成果除了充足的营养外，还应归功于新鲜的空气、新鲜的水和适宜的身体锻炼。

说起来别人恐怕难以相信，我的体育运动从出生就开始了。

有人可能会提出疑议："一个小婴儿怎么运动呢？难道让他去跑步跳高吗？"

其实，婴儿的运动再简单不过，只要手脚能自由地活动，身体就能得到锻炼了。不过，世人总爱用衣服襁褓把婴儿捆得紧紧的，使他们动也不能动。

幸运的是，我自幼就没受过这种束缚，母亲从不像裹布娃娃那样裹着我，而是给我穿着宽松透气的衣服。

在晴朗的天气里，父母把我带到田野里，让我眺望绿色的原野。他们从不把我包起来，也不给我围围巾，以免妨碍我的手脚自由活动。他们甚至经常让我在屋外睡觉，以便接受阳光的沐浴，呼吸新鲜空气。

柯蒂是我家的老佣人，从我一出生就开始照顾我，许多我小时候的事都是她告诉我的。有一次她讲给我听父亲发火的事：

"那天牧师和太太都去教堂做弥撒了，我一个人留在家里照看你。你才满一个月吧，对，那么小小的，看起来真可怜啊。那时已经是冬天，虽然家里生了火炉烤得暖暖的，可我还是怕你冻着，就用小被子、小褥子什么的给你打了个顶暖和的襁褓。可你呢，还不乐意呢，脸挣得通红，还哭起来了。

牧师回来一看见就大叫起来：'喔，上帝，你这是做些什么蠢事！'

我说：'我看他是觉得不暖和，还得给他包紧一点。'

牧师生气地说：'真蠢！不，别那样，他不喜欢你这样对他。'

牧师拉开我，自己动手把襁褓解开。

我说：'大冷天的，您会把他弄出病来。'

牧师不理会我的叫嚷，往壁炉里丢了几块柴，让它烧得旺旺的，然后在床上铺上一床又厚又软的鸭绒褥子，把你放在里面。你似乎顶满意这种安排，立刻就不哭了，还手舞足蹈起来。

牧师说：'你看他多高兴啊。以后记住不要裹住他，要让他的手脚随时都能自由活动，这就是婴儿的运动了。这孩子身体不好，运动对他大有好处。'

从此以后，我就总是让你自由自在的。有时候看到被裹得顶严实的婴儿我还想：瞧这可怜的小家伙，连动也动不了。"

据柯蒂说，我的运动不止这些，还包括每天的洗澡、按摩手脚和做婴儿体操以及一些体能训练。

我半个月大时，父亲就给我做拉起自己身体的练习。父亲让我抓住他的手指，由于婴儿与生俱来的"把握反射"，我立刻就像吊着杠一样用力拉起自己的上身。满月之后，父亲即开始用手推着我的脚丫，训练我爬行。

这种体能训练使我的胳膊、腿脚都相当健壮有力，从小到大我都没受过什么伤，每次摔倒，手脚都能有力地支撑住身体。

此外，父亲还有一个锻炼秘诀，就是尽可能让我多过露天生活。我刚会走路，他就每天带我到野外去散步，做游戏，无论酷暑寒冷都不间断。

记得4岁那年盛夏的一天，父亲带我去邻村探望朋友，不过我们不是坐马车，而是步行去的。当时正是下午最热的时候，太阳剧烈得连动物也不肯出门。我走在路上，觉得又热又累，似乎连气也喘不过来了。这时我看到远处来了一辆马车，就对父亲说：

"爸爸，我们是没钱坐马车吗？"

"当然不是"，父亲回答说。

"那我们叫那辆马车搭上我们，好不好？"

"你很想坐车吗？"

"嗯，"我用力点点头。"那样可以快些到，而且，也不用晒太阳了。还有，我热得都走不动了。"

听了我的这些理由，父亲似乎一点也不动心，继续顶着烈日大步走着，一边对我说：

"你的理由顶充分啊，卡尔。可是，很抱歉，我还是不打算叫马车。你一定想问为什么。不过我要先问你一个问题，我们家谁生病生得最多？"

我想了想，说："喔，可能是……我吧。"

"对，就是你。你看我从不生病，妈妈也很少生病，知道为什么？"

"不知道。"

"我告诉你，因为我和妈妈都爱在大自然中锻炼身体。你看我们去哪儿都走着去，我们不怕太阳晒，也不怕风吹雨淋，这些都是上帝赐给我们的最好的礼物。你说过隔壁的夏尔太太很可怜，每天要吃那么多药。可那全得怪她自己，她成天躺在床上，从不出来活动，看不到田野，晒不到太阳，身体怎么会不虚弱呢？记住，只要是热爱户外生活的人，病魔都不敢侵扰他。"

父亲的这些方法我在养育儿子时一一加以应用，儿子确实很少受到病魔侵扰，避免了许多痛苦。这证明父亲的做法十分有益。

不过，对于幼儿的身体锻炼我还想补充一点自己的心得，即是当孩子长到能够学习游泳的年岁，应该教他学习游泳。因为游泳是对健康顶有益处的一项运动，而且又可以救助别人，所以古罗马人把它看得顶重要，将之与文学并列。他们有一句惯用的成语，形容一个人没有受到良好的教育，就说他既没有学问，也不会游泳，是个毫无用处的人。

冷水浴疗法

我的妻子生下儿子以后，变得如同天下所有的母亲一样，对孩子健康的关心达到了神经质的程度。她时时担心儿子会着凉生病，总是给儿子穿得厚厚的，一出门就是围巾帽子的一大套，甚至还专门为他做了件小斗篷，生怕他吹了一点风。儿子房间里的温度是她顶关心的事，儿子的床也铺得又厚又软，被褥全是羽绒的，那里就像培植娇

嫩植物的暖房。

我认为妻子这是犯了天下父母的通病，对孩子一味溺爱与娇惯。这种通病是健康的大敌，有多少孩子的身体因此而受到了损害。

我父亲老卡尔·威特就从未犯过此类错误。由于我生下来体弱，对病菌的抵抗力差，为了使我能经受住风寒，父亲采用了一个似乎让人很难接受的、特殊的方法，每天用冷水给我洗脚。

我极不赞成妻子对儿子的溺爱与娇惯，因此就将父亲待我的法子告诉她，希望她能省悟。但妻子却不以为然地说：

"什么话！大冷的天，好不容易把脚弄暖和了，却要儿子把脚放到冷水里去？"

"可是依我的亲身体验，我认为对小孩子只有好处。"

"哟，男人们的心有多么硬呀！"妻子惊叫起来，"我可忍不下这个心。这样去对待娇弱的宝宝，那不等于谋害他吗？"

这大概是母亲们普遍的反映了，怎么能这样对待孩子，太可怕了！不过这样的恐惧毫无道理。我们的脸和手何尝不娇嫩，但却不畏寒冷。为什么呢？因为我们从不娇惯它们，总让它们暴露在风寒中，结果它们就成了我们身体中最坚强的部分。

从前雅典人看见哲学家辛尼加在冰天雪地的天气中还赤身露体，觉得奇怪。辛尼加的答复十分有意思。他说：

"我也觉得奇怪，现在这么冷，为什么你们的面孔却受得住呢？"

雅典人回答："因为我们的面孔从小就露在外面，习惯了。"

"那么，你们把我的身体看做面孔好了。"

最近我在一本游记上也看到了类似的例子。现在就将作者的原文抄在下面：

"据说马耳他比欧洲任何地带都热，那热度还在罗马之上，闷得厉害，加之又不常有凉风，所以更加难受。那里一般人都黑得像吉普赛人一样。但是农夫们却不怕太阳，他们每天在最热的时候还照常工作，一点也不躲避灼人的阳光。这就使我相信，只要我们从小习惯了，有许多看上去似乎不可能的事情，我们的本性全是可以适应的。马耳他人就是用这种办法去锻炼他们的儿童，使他们不怕炎阳。儿童从出世起，一直到十岁止，全都一丝不挂，既没有衣也没有裤，头上也没有遮盖。"

辛尼加也表达了同样的意思，他说我们的身体只要从小养成习惯，是什么都受得了的。在第53和第83封信里，他告诉我们，他在严寒的冬天也惯于在寒冷的泉水中洗浴。

要知道那时候他已是个老人了。

如果大家认为成年人的做法不能照搬到儿童身上，那么，请看看爱尔兰人对儿童的做法吧。

他们连公认为最娇嫩的婴儿都用冷水洗浴，不光洗脚，还洗全身，据说效果非常好。现在苏格兰高地的妇女也开始这样做。在冬天水里结了冰的时候，她们仍然坚持给孩子洗冷水。

我将这些例子全讲给妻子听，然后宣布要学习父亲，每天用冷水给儿子洗脚。妻子和女仆统统表示反对，妻子哭着说我是想杀死儿子，女仆则私下说我准是疯了，但我还是坚持我的想法。

由于儿子在妻子的溺爱下已养成了娇气的习惯，因此我采取了循序渐进的做法。我特意选在春暖花开的季节实施这个计划，开始是用温水，随着天气逐步变暖，水也渐渐加冷，没多久就完全用冷水了。

起初儿子很不乐意，不肯洗冷水。那时他刚一岁，连自己擦脚拭脚都还不会，只会哭哭啼啼地说：

"不要，冷的，爸爸坏。"

见我不理他，他就大哭起来，拼命挣扎，还向妻子求救。

"哦，看在上帝的份上，快住手吧。你会把他弄病的！"妻子也哭着说。

"想想那些穷苦的孩子吧，成天赤着脚在冰冷的地面和水里走来走去，从来不会伤风咳嗽。

儿子要有那样棒的身体，才可能避免疾病带来的痛苦与危险哪。你不认为儿子的健康比什么都重要吗？"我就是这样坚持了下来。从春天、夏天、秋天到冬天，从洗脚到冷水浴，即使严寒的天气也从未有一晚间断过。儿子也慢慢习惯了，即使在冬天最冷的时候，水面上结了薄薄的一层冰，他也毫不畏惧地把脚和腿浸到水里洗浴。

这个办法很有成效，那一年儿子都没怎么生病，以往常得的感冒咳嗽一次也没犯过。

定好生物钟

父亲经常对我说，拥有了健康的身体，就等于拥有了人生的第一笔财富。但要保管好这笔财富，却需要付出一定的努力。他认为保持身体健康的最大因素在于生活有规律。看看历史就知道，那些长寿的伟人几乎全部都是生活有规律者。确实，我们实在难以想像一个九十多岁的人是一个生活没有规律的人。

在这方面的典型例子是歌德，他是个严格遵循作息时间的人，吃饭、睡觉、休息全按照时间表进行，他的高寿有目共睹。与他形成鲜明对照的是他的挚友席勒。席勒从不注意安排生活，年纪轻轻便丧失了生命。

父亲对这个问题十分重视，从我很小的时候起，他便使我养成了良好的生活习惯和作息规律。

我在前面已经讲过，当我还是个婴儿时，父亲就通过定时喂奶，使我的生物钟一开始就形成规律。至于睡眠，除了在婴儿期时尽量让我多睡，想睡多久就可以睡多久以外，我稍一长大他就不再允许我贪睡。

最让父亲不能容忍的毛病是睡懒觉。他认为早起有益于健康，因此首要的就是养成早睡早起的好习惯。

父亲为我制定了一份严格而详细的作息时间表。清晨六点我必须起床，锻炼身体一个小时，然后是学习和休息玩耍，吃饭的时间都作了规定，连吃点心和与人谈话的时间都是固定的，最晚到九点钟就必须上床睡觉了。

这份时间表现在看起来似乎过于死板了。刚开始时我也觉得难以遵守，时常违反。父亲也并不声色俱厉地强迫我，只是要求我必须承担由此带来的所有后果。

有一天叔叔一家人到我家来作客。家里来了客人本来就够让小孩子兴奋了，何况又见到了我的四个堂兄堂姐，我真是快乐极了。吃过晚饭后，我们几个小孩子玩起了捉迷藏的游戏，大家都玩得很高兴。不知不觉到了九点，我早就把时间忘到九霄云外去了，看我没反应，父亲过来催我去睡觉。

我当时正在兴头上，觉得从来没有这么好玩过，哪里舍得睡觉。仗着家里有客人，我要起赖来：

"让我再玩一会儿吧，就一会儿吧，就一会儿。"

父亲一口回绝了我："不行！快去睡觉，马上！"

"哦，爸爸，"我哀求道，"求求你了。"

叔叔也帮我求情："玩得这么高兴，哪里还睡得着。我们也难得来一趟，他们也难得在一起玩，就让小卡尔再玩一会儿吧。"

"制定好的作息表怎么能不遵守呢？就算家里来了客人也不行。"

看着我挨挨蹭蹭不肯离去的可怜样子，叔叔又说："算啦，小孩子都是这样，何必那么严格。何况又不是经常这样玩，今天就算破例一次吧。"

"卡尔，"父亲严肃地说，"你自己考虑要不要去睡觉。即使你睡晚了，我也不会允许你多睡一会儿，早上六点必须要起床。决定的后果你要自己承担。"

我明白父亲这话的份量，但是看着大家都快快乐乐地在一起，我可舍不得这份热闹。那天我们太高兴了，完全忘了时间，一直到十一点半，大家都玩累了才去睡觉。

第二天一大早，父亲说到做到，果然六点钟一到就叫醒了我。可以想像我当时有多么烦恼，我根本就没睡够，困得连眼睛都睁不开。但是父亲十分坚决，一定要求我立即起床。

"喔，"我闭着眼睛说，"我起不来。太困了，我现在连走路也能睡着呢。"

"我告诉过你要承担一切后果！"父亲毫不留情地说，"我昨晚让你选择，你自己选择了少睡三个小时，那么你还有什么可抱怨的。"

"可是——"

"没有可是。早起的规矩是绝对不能改变的。你虽然痛苦，但这个痛苦是你自己选的。赶快穿衣服，耍赖是没用的。"

我昏昏沉沉地起了床，然后一天都在昏昏沉沉中度过，那一天的学业也全荒废了，因为脑子除了想睡觉什么也学不进去。晚上堂兄堂姐们又邀请我玩一个新的游戏，可我再也没有精神，不到八点便独个回房间睡觉去了。

从那以后，我再也没有任意改变作息时间，因为我已经亲身体会到了生活不遵守规律的害处。

严格遵循规律的生活方式，在一般人看来也许是枯躁又难以持久的。但我由于自幼养成了固定的习惯，所以一点也不觉得困难，而且还从中获益良多。首先，我从来不会把生命中最好最有用的时间浪费在床褥上。还有一点好处，既然必须早起，自然便得早睡，这就使我一直到成年都可以避免去参加那种不健康，不安全的逸荡的夜生活。

父亲常说，上帝给予人们的甘露是睡眠。他认为夜晚惟一必要的事情就是睡觉，不要说夜生活了，就是因为研究学习而占据睡眠时间他也不赞成。

法拉第年轻时对科学十分痴迷，经常晚上一两点钟还不肯结束实验，一味埋头研究不懂得休息和锻炼。他的父亲认为这决不是可喜的，认为作为一个要想毕生献身于科学事业的人，必须懂得休息、娱乐和锻炼。因此，他父亲找他深谈了几次，一定要他改变这样的生活方式，并且警告他，如果继续这样做将失去健康，同时也意味着失去工作的权力！

父亲深以法拉第父亲的话为然，经常引用来告诫我。

在一次聚会上一个朋友告诉我他们大学的一位数学天才33岁就离开了人生，因为他从 不注重生活，总是因沉迷于研究而忘记吃饭和睡觉，在他生命的最后一年里，他还坚决拒绝就医，仍然抓住笔记本争分夺秒地进行数学研究。

"真令人敬佩啊！"朋友最后下结论说。

"我可不这样认为，先生。"父亲插话说，"这样做太蠢啦。"

接着父亲就把法拉第的故事又讲了一遍。这件事过去了很久，父亲还经常提起，每次都要求我引以为戒：

　　"多不明智啊！那位先生如果有良好的生活习惯，保有健康，那就有一辈子的时间去从事数学研究。可现在呢，只活了短短的三十三年，空有天才却没有时间。那么聪明的人为什么就算不过这个账呢？所以，我希望你无论做什么都不要以身体作代价。我宁愿你是一个长寿而幸福的人，也不愿你做个短命的天才。

　　我现在每天要在大学里授课，做学生的导师，做法学研究，业余还要进行我所热爱的但丁研究，写作学术论文，忙得每分每秒都必须抓住。可即使工作和研究这样繁重，我的身体仍然健康，还能抽出时间与家人共享天伦之乐，这全得拜父亲的严格所赐啊！

　　以上所有这些，即是父亲给我上的早期教育的第一课——健康教育。总结起来不过几条极简单极易遵守的规则。就是：多吸新鲜空气，多运动，食物要清淡营养，身体习惯沾冷水，睡眠有保证，生活有规律。

第三章

Chapter 3　**我在婴儿时期所受到的智力训练**

> 我虽然不敢自称为天才，但有一点是可以肯定的，那就是我在婴幼儿时期所受到的训练为我所取得的成就打下了坚实的基础。我相信，我之所以能够在十几岁就能取得其他人要到二十岁、三十岁才可能取得的成就，这完全得自于父亲在幼年时对我的教育和训练 。

出生后十五天开始的智能训练

听父亲说，在我刚出生不久，还只有十五天时，他就有意识地训练我了。最初，我还以为是父亲在开玩笑，可后来，我不得不相信他说的话。

在意大利时，为了更好地研究但丁，我阅读了大量有关文艺复兴的书籍，发现文艺复兴时期之所以有那么多的大师，有那么灿烂的文化，原因就在于那个时期的人们都非常重视早期教育。而那些大师，几乎都是在婴幼儿时期就得到了充分的训练。

就拿我最熟悉的但丁来说，他在幼年时期所接受的教育以及获得的知识是相当惊人的。但丁出生于一个环境非常优越的家庭，是佛罗伦萨的贵族世家子弟。或许正是这种极好的家庭条件，使他受到的早期教育比其他人都要良好和全面。二三岁时，但丁便在父亲的安排下师从著名学者布路纳托·勒特尼，学习拉丁文、诗歌、古典文学、修辞学、哲学等科目。据史料，但丁在九岁之前就已经读完了奥维德尔、赫拉丝特、维吉尔等人的作品。我想，这对于现在的人们来说，一定是不可思议的事。然而，但丁在当时的确做到了。但丁之所以伟大，从某种意义上说，完全可以归结于他早期受到教育的"伟大"。在《神曲》中，但丁对自己的老师勒特尼表示出极大的感激之情。他称勒特尼为"伟大的导师"！称他具有"父亲般的形象"，以此来表示自己对这位老师无比的崇敬和深深的谢意。

事实上，勒特尼对但丁的成长的确起到了不可估量的作用。但丁在结束了童年生活之后便立刻到巴黎、沽伦那、帕多瓦等地进入大学深造。他在音乐、绘画、雕塑、美学、诗学、哲学、文学、神学、伦理学、历史、天文、地理、政治等方面都有很深入的研究并取得令人叹服的成绩，这些都可以追溯到勒特尼在早期对他的影响。也就是说，但丁后来的成就在童年时期就已经做好了充分的准备。

无独有偶，正如前面所说的那样，文艺复兴时期的伟人们都有相似的童年，他们在婴幼儿时期都得到了非常良好的早期教育。但丁是这样，达·芬奇、米开朗基罗、拉斐尔也是这样。

伟大的达·芬奇，从小就是个"绘画神童"。十四岁师从委罗基奥学习绘画。值得一提的是，委罗基奥不仅仅是一位优秀的艺术家，还是一个出色的建筑师，他对天文、地理、历史诸方面学问都有很深的研究。这些都对达·芬奇产生了巨大的影响。我们都知道，达·芬奇是一个全面的大师，他不仅是画家，还是数学家、科学家、天文学家、发明家，恐怕这些成就都来自于幼年时期所受到的影响。

米开朗基罗也是在幼年时期受到良好的教育后一步一步走向艺术之路的，并最终成为一代大师。米开朗基罗出生后由奶妈抚养，虽然没有得到父母的亲自培养，但庆幸的是，奶妈的丈夫是一位雕刻家，对年幼的米开朗基罗产生了最为直接的影响，使他成年后把雕塑艺术作为了自己终生的追求。

与达·芬奇、米开朗基罗齐名的"文艺复兴三巨"的另一位就是拉斐尔。拉斐尔出生于一个艺术世家，祖先之中有好几位都是著名的画家，父亲是一位出色的诗人和宫廷画家。家庭的氛围使他从小就具备一种超出常人的艺术素质。在他很小的时候，父亲就开始对他进行精心的培养。也就在那时，拉斐尔虽然只有几岁，但已经成为颇有名气的小画家了。

这些大师在婴幼儿时期究竟接受了怎样的具体训练，我们已经无从考证。但至少有一点是可信的，就是他们的教育都开始的非常早这一事实。

我的婴幼儿教育，听父亲说是从训练我的五官开始。我父亲认为，人在婴儿时期的一切能力，如不尽早地开展和利用，就永远也不会得到发展。所以在我刚出生不久，父亲就开始用各种方式训练我的五官。

在我出生刚刚2周，父亲为我朗读诗歌的方式训练我的听觉，用能发出好听声音的小钟让我形成辨别不同声音的能力。他还用各种五颜六色的玩具来刺激我的视觉，使我形成敏锐的观察力。

父亲告诉我，在那时他为我朗读得最多的诗就是威吉尔的《艾丽倚斯》，也朗读坦尼森的《他的梦想》。对于这些事，我当然早已不记得了，因为那时我才只有2周岁。然而，至今为此，我仍然能够很流利地背诵出《艾丽倚斯》的某些段落，奇怪的是，我根本不记得是何时开始记住它们的。

在父亲那个时代，人们普遍认为过早地对孩子进行教育会伤害孩子的大脑。父亲能够在大多数人的反对和讥讽之下教育我这个所谓的弱智儿童，真是一件不容易的事。现在，父亲的教育观念和方法得到了许多人的认同和赞扬。我想，这也是最令他欣慰的事吧。

观察能力的训练

虽然我现在是一个已经做父亲的人，我父亲仍然在以前的住所中为我保留了儿时的房间。父亲告诉我，我的房间中的陈设与童年一模一样，没有丝毫的改动。他说这是一个永久的纪念，在那个房间中，他能常常看到我小时候的模样。

对于我来说，那个房间充满了童年无限的幸福时光，只要是我能够记住的，都将成为我一生中最宝贵的财富。

　　我的房间尤如仙境一般美丽。墙壁上贴着非常好看的壁纸，窗帘虽然已经陈旧，但仍然能够看出当年的悦目色彩。房间的四周挂着许多图画的复制品。这些都是父亲为了培养我的视觉和观察能力专门布置的。

　　书架上，仍然摆放着我儿时看过的那些书籍，那些本已应该扔掉的儿童读物也仍然如当年一样静静地呆在原来的位置上。每当我再一次翻阅那些好看的图片之时，都会从内心里涌出一股莫名的激动。

　　有一次，我在书柜里发现了许多画有不同颜色的直线的大纸，便奇怪地问父亲那是什么。

　　父亲告诉我，这些纸是当年用来训练我的观察能力的"工具"。

　　原来，在我很小的时候，父亲经常与我玩一种他称为"颜色竞赛"的游戏。父亲先用红色的蜡笔在纸上画一条线，然后也让我在纸上画一条线，如果我选择的蜡笔颜色与他的一样，画出的线长短也一样，那么我就赢了。如果我选错了颜色或长短不一致，我就输了。父亲对我说，这是一种训练观察力的好方法，并建议我也用这样的方法训练我的孩子。

　　事实上，不仅是父亲这样，还有许多人采用类似的方法训练孩子的观察力。用父亲的话来说，这种做法的目的在于训练孩子对不同事物的形状、颜色、质地等进行仔细地观察，并能找出它们的相同点和不同点。

　　据说，荷兰伟大的画家伦勃朗在幼儿时期曾接受过这种训练。当然，他的父亲并不像我的父亲那样仅仅用一条色彩的线来训练我，而是采用了更加复杂和丰富的方法。

　　伦勃朗不到一岁时，他的父亲便有意识地给他各种有颜色的物体。恐怕正是这位优秀的父 亲具备超出常人的色彩感觉和色彩知识，所以他给小伦勃朗看的颜色已经远远超出了红、黄、蓝、白这些基本色，而为他提供了更多、更细微的色彩。可以这样说，伦勃朗不到两岁时，便已经有了认识不同灰色的能力，已经建立起了灰色的概念。

　　有一天，正当小伦勃朗在玩他那些色彩缤纷的各种自制玩具时，父亲拿着一件小东西走进了他的房间。

"爸爸，那是什么？"可能小伦勃朗已经猜到父亲又给他找到了一个好玩的东西，便兴奋地问道。

父亲不但没有回答，还用一种奇怪的眼光看着小伦勃朗，一言不发。

"快告诉我，那是什么？"小伦勃朗着急起来。

看着他迫不及待的样子，父亲决定考一考他。"既然你已经看到了，为什么还要问我？"

"可我没看清楚呀？"

"没看清楚吗？那么你再看一看吧！"说着，父亲便把那件东西在小伦勃朗的眼前晃了一晃。

"还是没看清楚。"

这时，伦勃朗的父亲对他说："好啦，不管你这次有没有看清楚，请你先说一说你看到了什么吧？"

"没有看清楚，我怎么能说出来呢？"

"虽然没看清，但你肯定看到了什么，你就说个大致的印象吧！"

小伦勃朗想了想之后说："嗯，是红色的，不对，是橙色的，……是一个圆形的，……又像是一个扁圆的……。"

父亲说："看来，你不能准确地描述它。这样吧，你在那些玩具中找出一个和它近似的东西，看看能不能找出来。"

小伦勃朗在那一大堆五颜六色，形状各异的玩具中挑选了很久，终于认定了一件，便把它递给了父亲。

这时，父亲把藏在身后的那件东西拿了出来，让小伦勃朗作比较。

小伦勃朗立刻找到了他们的不同点和共同点。

原来，父亲拿着的新玩具既不是正红，也不是正圆，而是一个形状不规则的东西。对于小伦勃朗来说，认识形状的不同相对容易一些，他对新玩具既不红又不黄的颜色产生了极大的兴趣。

"爸爸，这是什么颜色呢？怎么有点像红色又不那么红呢？说它是橙色，可又为什么不像呢？"小伦勃朗焦急而又好奇地问道。

于是，父亲便对他作了详细的解释："世界上的颜色有许多许多，但真正的原色并不多。

我们看到的，大多是灰色。"

"您是说它是灰色?这是灰色吗?"小伦勃朗简直不敢相信这种又红又黄的颜色是灰色。

"当然，你现在看到的这种颜色就是一种灰色。只不过它灰得不太厉害，它仍然保持着色彩倾向。它是一个略微带黄味儿的红灰色。"

听了父亲的讲解，小伦勃朗又仔细地将这种红灰色与其它的颜色作了比较，终于从感受上找到了它与红、黄、橙之间的区别，便有了红灰色的概念。

看过伦勃朗绘画作品的人都无不为他把握色彩细微变化的能力所倾倒。而他的作品中大量地运用了那种充满神秘感的红灰色。我想，他这种对色彩的感觉能力以及超常的观察能力正是幼儿时期所受的为止练直接带来的结果。

虽然我现在没有成为像伦勃朗那样伟大的画家，但小时候培养起来的观察能力可以说是终生享用不尽。

从我个人的感受来看，对于普通人来说，色彩方面的知识虽然在生活中没有直接或明显的实际作用，但至少有一点可以肯定，有了对色彩、形状等方面的认识，这对一个人的观察能力和感觉能力无疑会起到积极的作用。

毫不夸张地说，我自己就是一个有极好观察力的人。这完全归功于父亲对我及时的培养和训练，为此，我永远对我的父亲感恩不尽。

我的成就与从小受到的过人记忆力训练有关

伟大的数学家汉密尔顿幼年时期被称为"天才神童"。他三岁时就能用英文阅读，四、五岁时就有了丰富的地理知识，可以说是小地理学家，他的数学成绩在那时已经极为优秀。不仅如此，年仅五岁的汉密尔顿已经完全掌握了拉丁语、希腊语、希伯来语，以后又学会了意大利语、法语、西班牙语。在掌握了这些语言之后，他又学会了阿拉伯语、波斯语、叙利亚语、印地语，孟加拉语和梵文。

除了学习语言以外，汉密尔顿在十二岁时就学完了欧几里德的《几何》以及克莱罗的《代数基础》。十六岁时，他又学完了牛顿等物理学家的著作，并写论文指正了拉普拉斯《天体力学》某些论证的缺陷。十七岁时，他又完全掌握了很深的微积分，并最终成为了卓越的数学家。

这样的神童，这样辉煌的成就，这些都是从哪儿来的呢？难道这一切都是天生的吗？恐怕有许多人在面对这样的"神童"时都会自愧不如，也会为他的幸运而羡慕不已。也许还有人会对上帝的不公而抱怨、叹息。

我认为，羡慕、抱怨、叹息都是无意义的，因为这一切都来自于"天才"们在婴幼儿时期所受到的教育。

在我十四岁刚刚获得博士学位之时，有许多人来向我询问各方面的问题，大多数人都相信我是一个所谓的天才，是上帝赐给了我这人的能力。成功和荣誉使人当时也对自己是个天才确信不疑。

然而，现在我完全改变了这种想法，并为自己的无知感到惭愧。我现在看问题的方式已经和十几年前完全不同，再也不像十四岁的我那样简单和轻率。现在，我丝毫也不认为我是一个所谓的天才，因为我知道这一切都应归功于父亲对我的教育。

我曾经看过汉密尔顿的传记，发现他的成就与他过人的记忆能力紧密相联。是啊，如果没有过人的记忆能力，他怎么能够掌握那么多的知识呢？而且，他的记忆力也并非天生，仍然得自于幼年时期的训练。

汉密尔顿是个不幸的人，十二岁丧母，十四岁丧父，他的教育和培养是由叔叔帮助他完成的。不幸之中的大幸只是因他有这么一位令人羡慕的叔叔。

由于汉密尔顿传记中所记述童年生活的内容比较少，无法对他早期教育的细节有太多的了解，但传记中记述的某些事仍然可以反映他早期教育的某些方面。

汉密尔顿的叔叔是一个很有趣的人，虽然自己没有孩子，但他似乎比许多有孩子的人更加喜欢孩子。他非常疼爱侄子小汉密尔顿，经常与他作一些有趣的游戏。

他们经常作的一个游戏就是"记忆力竞赛"。当叔侄俩在街道上散步时，这种比赛就立刻开始了。

情况常常是这样的：叔叔拼命地记住刚刚看到过的事物，由小汉密尔顿来指出其中记错的东西；有时又反过来，小汉密尔顿记，叔叔指出他的错误。

就这样，轻松愉快之中，小汉密尔顿的记忆力得到了良好的培养，也获得了许多书本上没有的知识。

令人高兴的是，小汉密尔顿接受的这种训练，我也曾经接受过。

父亲告诉我，在我小时候，他经常与我作的游戏之一就是"注意看"的游戏。每当父亲与我一起路过商店或市场时，他就会问我橱窗或柜台上有哪些物品，并让我准确地说出它们的名称以及作用。如果我说得又多又正确，父亲便会表扬我，有时还会给我一块糖或其它东西以示鼓励，如果我说错了，便会挨批评。

这种游戏与汉密尔顿的游戏大同小异，具有相同的作用，都是有利于培养记忆力的游戏。

对于我幼年时期的记忆能力，有一件事令我现在感到自豪。当然，这件事仍然是父亲后来告诉我的。我想，即使是记忆力再怎么惊人的人也无法记住两三岁时发生的事吧。

有一天，父亲带着我去一家画店去观赏那些漂亮的名画复制品。

在我迅速浏览了那些画后，便立刻说出了它们的名称以及作者的姓名。并问店员为什么没有《维纽·未罗》和《麦待里齐》这两幅画。

当时，那位店员简直惊呆了，他根本不敢相信眼前这个只有三岁的小男孩会知道那么多的名画，而且能够记住那么多画家的名字。其实在这之前我根本没有专门去记那些画以及作者的名字，只是偶尔书本上看到过。但由于在父亲的训练下我具备了不错的记忆力，使我即便只是随便地看了一眼也牢牢地记住了他们。

汉密尔顿的叔叔和我的父亲都采用了类似的方法来训练他和我的记忆能力。我想这并不是一种巧合，可以说这完全是一种必然。好的教育方法永远都会被好的施教者采用，这是一个不可否认的事实。

父亲在他留给我的日记中这样写道："我反对教婴幼儿不完整的

话和方言。那些教孩子‘饭饭（饭）’、‘汪汪’（狗）之类语言的父母是不负责任的父母。因为这些不正规的语言对孩子语言能力的发展极其有害。”社会上有一些令人气愤的父母，他们以孩子发出错误的音、说出错误的话为乐，因为他们内心潜意识里把孩子当成了玩具，这简直是一种罪过。但孩子无法认识自己的错误并习惯成自然地运用错误的语言，这种做法所造成的恶果一定会受到上帝的惩罚，因为它是在不知不觉地危害着孩子。”

我想，父亲的话并非危言耸听，生活中的确有许多人因为没能在幼年时期得到正确的语言教育而受到损害。有时，由此带来的结果是荒唐和令人感到遗憾的。

布鲁塞尔哲学院的院士，著名哲学家米奇尔山夫维诺先生曾经在大学的讲台上闹了一个笑话，使他感到极为难堪。

那时，我还是一个刚刚入学的大学生，米奇尔山夫维诺的到来使我感到无比的激动和喜悦，因为他是我最崇拜的近代哲学家。这一次，他是由校方邀请来校作短期讲学的。对于我们这些年轻的学生来说，能够听到他的讲课显然是令人兴奋的。

由于机会难得，学生们都安安静静地在教室中听课，没有任何人在课堂上有丝毫不恭的举动。

可是，当米奇尔山夫维诺先生说出了下面这句话时，本来安静肃穆的课堂顿时哄闹喧哗起来。庄重的气氛顿时消失得无影无踪，代替它的是再也无法控制下来的毫无秩序的自由说话声。

在对近代社会发表议论时，米奇尔山夫维诺先生说：“现在，火柴使地球变得小了许多，铁锣把世界各地连接了起来。”当他的这一句话说出来之后，学生们先是一愣随即便哄然大笑起来。谁都知道他把“火车”说成了“火柴”，把“铁路”说成了“铁锣”。(译者注：此处为大意，因原文翻译成中文后不能确切地说明其含义)

米奇尔山夫维诺先生是著名的学者，谁都知道他精通多种语言，他犯了如此的语言错误真是一件遗憾的事。

当时，坐在教室里的我暗暗为自己庆幸，我知道自己一定不会犯这样的错误。因为我从小就得到了最正规的语言训练，无论本国语还是外国语，我自信都能够准确无误地把握它们。

对于语言的学习，虽然事隔已久，我现在仍然有较深的记忆。父亲曾对我说，**学习发音一定要从开始时就正确无误，否则等掌握之后就再难以改正了。**

父亲的这种观点完全正确，因为我曾见到许多人在为自己不正确的发音而伤透脑筋。我哈佛大学的同学之中就有好几位曾为纠正错误的发音而付出了高昂的代价。

据父亲说，即使在一两岁时，我也没有说过"汪汪（狗）""丫丫（脚）"之类不标准的词汇，我一直使用的是标准的德语。

为了让我掌握正确的发音，学会标准的德语，父亲可以说是费尽心机。他不仅努力纠正自己在发音上的某些缺点，还要求家里的其他人也尽量使用标准的德语。

母亲曾经给我讲述了一件事，使我非常感动。

安迪先生是跟随父亲多年的老仆人，可以说也是父亲的好朋友。他在我家服侍了多年，一直是非常尽心尽责的人。然而，正因为他的发音不标准，常常说一些土语，父亲担心他会影响我的语言学习，便忍痛将他劝退回家。

我完全能够体会父亲和安迪先生这两位老人当时的心情是多么的难受。他们为了我的教育都作出了牺牲，这真让我感激不已。

放飞想像力

父亲对我的教育始终伴随着我，这真是我人生中的一大幸事。

我在16岁时获得了法学博士学位，并被任命为柏林大学的法学教授。这时正是我人生最为关键的时候，因为在这之前我在学习和研究上力图全面发展，而现在，我开始为将来的发展方向作出选择。得知我立志于法学之后，父亲便立刻给我写了一封信，向我表明了他的一些看法，并在一些问题上给了我一些提醒："亲爱的卡尔，得知你现在立志于法学，并获得博士学位，我真为你感到高兴。然而，我想在此表明一点我对此的看法，望你能仔细考虑。

你一直是个博学而兴趣广泛的人，在很多方面都有很不错的造诣。对于专业的选择，希望能够尽量慎重。法学是很好的学问，但它有其特殊之处。法律条文有时是过于理性甚至是机械的，如果不能妥善地对待它，有可能使研究者也变得过于理智或呆板。这一点希望你能引起重视。

我之所以这样说，是为了提醒你不要因太执着于事业而忽视了你内心之中的其它方面。我曾看见许多从事司法工作和研究法律、法学的人，他们之中的大多数都死气沉沉。毫无生机，只知道按条款办事而没有人情味和想像力。我不希望你也变成这样的人，因为这样的人是不会幸福的。

卡尔，你一定要记住我曾经说过的话：**有感情、有想像力的人才是最幸福的人。**当然，在此我只是想对此作一个强调，并没有对你的把握能力有丝毫的怀疑。"

事实上，父亲的这个提醒对我起到了非常积极的作用。在以后的日子里，我不但没有变得死板而机械，反而还充分发挥自己的爱好去研究但丁，最终通过自己的感性以及想像力在研究但丁的著作上取得了一些成就。我想，这是与父亲对我的教导分不开的。

贝鲁泰斯曾说："想像是人生的肉，若没有想像，人生只不过是一堆骸骨。"这句话说得极为精辟，它几乎概括了为什么有人幸福而有人不幸的全部原因所在。

对于我想像力的培养，父亲在我出生后的每一天都在抓住机会实施，这使我在有限的生命之中获得了无穷的寻求幸福的力量源泉。

我的幼年时代可以说完全是在充满想像的世界中度过的。虽然那时还太小，不能理解很多事，但父亲仍然不厌其烦地给我讲许多有趣的故事。那些美丽的传说和神话为我的童年生活增添了不少色彩。无论是古希腊的神话还是东方世界的传说，父亲都会绕有兴趣地反复向我讲述。

我想，虽然我现在已经记不清当时的情景，但父亲讲的故事以及他在讲的故事中教给我的道理一定至今对我产生着良好的影响。

我的孩子出生之后，父亲专门给我写信强调培养孩子想像力的重要性，并一再强调讲故事和神话传说是培养想像力的最佳手段。

社会上一直流行着这样的说法：给孩子讲神话和传说会影响他们理性思维的发展，会使孩子变成只会空想的人。我认为这种说法是错误的。现在有些父母为了把孩子培养成天才、神童，不惜一切地让他们学习理性的知识而忽视他们童年生活的幸福。当然，近代社会提倡科学和理性是无可指责的事，因为这是社会发展的必然。然而，仅仅为了适应社会的发展而忽视了幸福本身，这都是永远不能赞同的做法。

对于父亲来说，我有一个幸福的童年应该比他的一切都重要。父亲的道理很简单，如果一个在童年时期没有感受到幸福，没有感受到生命的可爱的孩子，长大之后根本不可能取得任何成就。不难想像，在纯真的童年都没有想像力的人长大之后会形成怎样的大脑，在童年时代都没有感受到生命可爱的人长大后会形成怎样的人生观，何况这是他亲生的孩子。

维勒是我的一位朋友，是幕尼黑很有名气的法官。之所以说他有名，一方面是由于他在办案方面有很不错的成就，另一方面就是他有时"正直"得太不近人情了。人们都说他是一个"冷血动物"，这足以证明这一点。

虽然维勒是个有名的法官，但一次误判使他名声扫地，几乎毁了他本应该辉煌的前程。从此以后，维勒变得极其消沉，不愿再为将来作任何的努力。

作为朋友，我曾多次劝他，要他不要把事情想得太坏，并鼓励他振作起来以新的姿态面对未来的生活。但他认为自己犯下了不可弥补的错误，认为自己的前途已完全毁了。尽管我为他的未来作了种种设想，但他似乎仍然无动于衷，根本不愿也没有能力对未来作较好的计划。

一般来说，身处逆境的人往往会不由自主地将希望寄托于将来，这几乎是人的天性。然而，维勒似乎根本没有这种愿望。对于我的劝告，他总以"不现实"来反驳我，还表示不对将来抱任何希望。

为什么会这样呢？

　　我认为除了缺乏自信心以外，维勒所欠缺的最重要的东西是想像力。一个没有想像力的人当然不能对未来有所憧憬，更不能有良好的计划。

　　据我了解，维勒并不是现在才这样，事实上，他从小就一直是个没有想像力的人。这正是导致他成年后古板、机械、甚至冷漠的原因。

　　"凡是年幼时充分发展了想像的人，当他遭到不幸时也会感到幸福，当陷入贫困时也会感到快活。不幸的人就是不善于想像的人"，这是我父亲常说的一句话。我想，这句话足以概括维勒这样的人为什么会常常感到不幸，而另外一种人会永远感到幸福的原因吧。

一样的天生天才，不一样的后天天才

　　父亲曾说他不是一个教育专家，只是以全部的爱来培养和教育我。不了解的人也会这样认为：父亲只是在误打误撞之中培养了我这个所谓的天才。

　　其实这是一种不正确的认识。据我了解，在我未出生之前，父亲就已经阅读了大量有关儿童教育的书籍。尽管当时这方面的书籍非常少，父亲仍然不遗余力地搜集，一遍遍阅读，为我的教育费尽心机。

　　我成人之后，母亲曾多次给我讲述父亲教育我的情况。我完全可以从这些讲述之中得出这样的结论：父亲对我的教育是有准备、有计划的，从而也就一步步达到了他希望的结果。

　　父亲身上的确有许多令我感动的东西。在他的那个年代，人们通常都赞同天才是不可培养的说法，人们都一致认为人的才能得自于天赋。然而，只有父亲以他超凡脱俗的敏锐目光注意到了这个现在为人们广泛接受的事实，即天才是教育的结果。

　　父亲曾说，婴儿时期的训练可以造就天才。这种说法在当时遭到了许多人的嘲笑和反对。很多人认为父亲是因为第一个孩子的夭折以及生下了我这个"弱智"儿而神经失常了，也有些人认为父亲的这种看法是异想天开的幻想。

母亲告诉我，尽管在那样的处境中，父亲仍然不顾他人的非议坚持以自己的方法培养我。

现在，我完全能够体会到父亲当时是什么样的心情，也完全能够想像得出他是一个多么有毅力的人。

柏拉图曾说，世界上的天才有两种，一种是普通的天才，一种是天生的天才。普通的天才是那种花费了很大的精力，下足了苦功并取得巨大成就的人，天生的天才是上帝创造的，他可以完成其他任何人都不可能完成的事，而这些成就似乎来得非常容易。

不管柏拉图怎样评价天才，但至少有一点是可以明确的，那就是天才几乎都是在童年时期就表现出了突出的才华。父亲认为，人生下来都是一样的，虽然有智力上的差别，但这并不起决定作用。起决定作用的是，人生下来之后所接受的教育。在父亲眼中，人人都有可能成为天才，关键在于他在婴幼儿时期接受了什么样的教育。

我非常认同父亲的这种看法，因为这是客观的，是富有智慧的观点。

据我所知，历史上以及现在仍然活着的天才们在小时候几乎都是神童式的人物，无论有何种差别，他们总是在某些方面有与众不同的突出表现。

我在柏林大学任教时，曾专门对此作了一些研究。在阅读了大量的经典文献之后，我得出了这样的结论：与众不同的天才都有与众不同的童年生活，才华越突出的人接受教育的时间也越早。

现在，我可以找出许多活生生的事例证明父亲的观点是完全正确的观点。从某种意义上讲，父亲是幼儿教育方面的先知。

我们都知道，对于天才而言，在音乐领域里常常体现得比其它领域更为突出。为此我专门研究了一些音乐大师的成长经历，发现促使他们成功的仍然是婴幼儿时期的训练。这些音乐大师在幼年时期都有一个共同点，就是他们几乎都是在正式学习音乐之前就早已接触过乐器或受到过这方面的影响了。他们身边总有人是音乐家或是音乐爱好者，不是父母就是亲戚或父辈的友人。完全可以确信，几乎所有音乐家的第一位老师正是自己的父母，他最早接受教育的学校正是自己的家庭。

我虽然不敢自称为天才、但有一点是可以肯定的，那就是我在婴幼儿时期所受到的训练为我所取得的成就打下了坚实的基础。我相信，我之所以能够在十几岁就能取得其他人要到二十岁、三十岁才可能取得的成就，这完全得自于父亲在幼年时对我的教育和训练。

父亲从我只有十五天时起便开始训练我，而且这些训练是广泛而多方面的。他以各种能够让我接受的方法训练我的观察力、想像力、感觉能力、记忆力，为我在以后的日子里学习语言、数学、历史、地理等打下了基础，并为我向多方面的发展提供了可能性。

教育结果是教育动机的产物

有人说，过早地教育孩子会对孩子造成伤害。这句话有它一定的道理，只不过它太片面了。从我的父亲教育我的过程来看，只有刻意的教育、不合理的训练才会对孩子造成伤害。

我的父亲在我有了孩子后常对我说，对孩子的教育，"过早"并不是一个问题，最大的问题应该是合不合理，是否与孩子的成就合拍。更重要的是，父母对孩子的教育动机是什么，目的是什么。

在他老年时还写信对我说："我对你的早期教育在世人眼里并无过分神奇之处，是孩子你的童年太神奇了，我对你的教育的神奇，只是这种童年神奇的一种表现，而更多的神奇我还没有发现，这真是我一生的遗憾啊。"

我们都知道音乐大师帕格尼尼，我们也都相信他是一个伟大的天才。与其他的天才一样，帕格尼尼的成就也是在童年时期受到了严格训练的结果。但是，在我看来，虽然他的父亲把他造就成了一个伟大的音乐家，但他父亲的动机和方法与我父亲相比则是不可取的。

帕格尼尼小时候，他的父亲以开杂货店谋生，收入极其微薄，可是，这位身为人父的人一点儿也不顾及家庭，成天沉溺于赌博的恶习之中。

在一个偶然的机会中，小帕格尼尼的父亲发现他非常喜欢音乐，便开始不顾一切地训练他，发誓要把他培养成音乐天才。令人遗憾的是，这位父亲的动机并不是完全对孩子的前途着想，而是想把儿子培养成一个能够为自己赚钱的机器。

于是，小帕格尼尼成了父亲为自己赌命运的筹码，一副为他赌输赢的牌。可以这样说，小帕格尼尼的童年是不幸的，因为他并没有享受到学习音乐的乐趣。

为了使儿子迅速成功，以便尽早地给他带来回报，这位父亲决定亲自教孩子。他先教小帕格尼尼吉他，之后又教他管风琴和小提琴。大量的学习任务一下子有如许多块巨石一般压在了小帕格尼尼身上，他在父亲的威逼下从早到黑地拼命练习。即使这样，父亲仍然觉得他不够勤奋，甚至无限制地加长他的练习时间，有时还以体罚的方式威迫他练琴。

这样的教育带来了什么结果呢?当然，帕格尼尼最终成了一位伟大的音乐家，然而，这个伟大的人却一辈子也没有摆脱神经疼痛和肌肉痉挛带来的痛苦。

与帕格尼尼相比，我的童年是幸福的。因为我既得到了有效的训练和培养，也在这些训练中得到了无穷的快乐。

和帕格尼尼小时候一样，我也是一个非常热爱音乐的人。父亲为了从多方面培养我，对我的爱好一向都极为支持。看见我喜欢音乐，父亲便为我专门买回了适合我学习的乐器，并为我请了音乐教师。

至今，我仍然是一个很不错的钢琴演奏者和吉他演奏者。记得在哈佛念书时，我的那支心爱的吉他始终陪伴着我，与我一同度过了无数个美妙的夜晚和愉快的休息日。

无论在学习音乐还是其它方面的课程，父亲从不采用强迫的方式，而是以这些课程本身的魅力吸引我，使我既得到了训练又获得了快乐。

可以这样说，在我的教育上，无论在哪一方面，父亲都是以极其自然的方式让我轻而易举地获得了知识，得到了训练。

父亲的书柜里一直保存着一套已经旧得发黄的卡片。虽然它们已经陈旧不堪，但仍然能够看出它们昔日的风彩。这些五颜六色的卡片每一张上面都写有一个最基础的词汇。无论是谁，都能一眼就看出这些卡片的功用，它们是用来帮助我学习文字的工具。

父亲告诉我，利用这些卡片，他用做游戏的方式让我轻松地学会了许多词汇，并通过它们让我懂得了许多色彩知识以及这些色彩能够给人带来的含义。

红色的卡面上写着"热情"，黄色的卡面上写着"阳光"，绿色上写着"春天"，蓝色上写着"宁静"，桔色上写着"灿烂"，……这是多么富有想像力的做法呀！

现在，父亲把这套卡片交给了我。我知道，父亲的这些方法曾经为我的成长带来了不可估量的妙处，我定会用它们再去培养我的孩子，让它们继续发挥它们神奇的作用。

第四章

　　　快乐的学习是登上智慧之峰的云梯

父亲曾对友人说："我认为如果有谁不把一个有才干、有智慧的人看得比一个所谓的学者更可贵，那么这个人一定是个大傻瓜。实际上，不能在知识和学问中获得智慧的人是真正的蠢人。对于这样的人，让他们掌握知识和懂得学问越少越好，否则，这一切只会让他们更加愚蠢。"

兴趣教育论

自从有了孩子之后，我和妻子便开始为孩子的培养作种种的计划，我们最关心的就是应该怎样发扬光大父亲培养我的方法，并以此来更好地教育我自己的孩子。虽然我在学习知识和研究学问上很有经验，也有一套我自己的方法，但在面对自己这个刚刚诞生的孩子时，还真不知从何入手。

当我向父亲请教什么样的教育方法才是好方法时，父亲说："什么是好方法？能使孩子产生兴趣的教育方法就是最好的方法。"虽然父亲的这句话说得极为简单，但我知道这句话中一定包涵着无穷的聪明和智慧。换句话说，父亲用最简单的方式概括了所有教育孩子的秘密。

我们周围的很多人都存在知识面狭窄、学问单一的的弱点。有些人认为人的生命有限、时间有限、精力有限而不可能掌握多方面的知识，也有些人以"求精不求多"为借口来掩饰自己的缺陷。

我认为，只要是有价值的学问，只要是学有所用的知识，掌握得越多越好，因为它不仅能够丰富一个人的生活，更能促进专业上的发展。至于"生命有限"、"精力有限"、"时间有限"，这些根本就不是不可解决的难题。

我在很小的时候就涉猎到知识的各个领域。虽然在那时我以学习语言为主，然而，我在学习语言的同时，也掌握了不少其它门类的知识。对植物学、动物学、物理学、化学、以及数学，我都有比较深入的了解。我并非在此夸耀自己有如何的聪明，只是想说明父亲对我施教的实际效果。

据父亲说，在我三四岁时，他便开始坚持每天早晨带我去野外散步。这几乎在后来成了一个不可改变的惯例。

这种散步，并非大多数人那样随便逛逛，而是一边谈话，一边橱栅。每当此时，父亲都要给我讲几个有趣的故事。父亲是个博学的人，他几乎每一次都会给我讲一些新鲜的、有意义的事。他给我讲德国的历史，也给我讲印度和中国的故事，有时他绘声绘色地给我描述斯巴达人攻打特罗伊城的战争，有时又给我讲成吉思汗扩展领土的过程。就这样，我在这样看似平常的散步中获得了许多历史和地理的知识。

在我们走到小树林中时，父亲常常会指着一两朵好看的花问我是否知道它们的名字。如果我不知道，他便会告诉我，还会向我讲它们那些好听的名字的来源。他还会向我解说什么是花瓣、什么是花蕊，以及它们各自的功能、作用。

如果发现了一只小昆虫，父亲还会详细地向我介绍它的生活习性以及成长规律。从那时起，我便产生了对动、植物学的兴趣。也就是在那个时候，我在不经意的学习中懂得了什么是科、什么是目。我想，这样的学习方法比任何教科书都更有效吧。

父亲曾在日记中这样写道：世界上再没有比大自然更好的老师了，它能教给人无穷无尽的知识。可是遗憾的是，大多数的父母和孩子都未能好好利用它。

父亲的观点完全正确。我不知道那些抱怨时间不够、精力不够的人读到这句话时会是怎样的想法，但至少有一点可以肯定，这些

人根本没有充分开发自己的智慧去寻找教育和学习的最佳方法,这是一种精神上懒惰的表现。

读书、写字是必需的,但不是最重要的

父亲最讨厌的就是那种读死书、做死学问的人,他称这些人为"书呆子"。他常说,如果不能通过学问获得智慧,那么干脆什么学问也不要做。

我非常同意父亲的这种观点,也为自己有这样一位父亲感到庆幸。我的童年是幸福的,因为父亲从来不会逼迫我学某种学问,也不会让我仅仅按照常规去死钻学问,而是采取能够让我接受的方式教育我,让我在学习之中充分地训练了头脑,从而产生人生最至关重要的东西——智慧。

现在的人们总是忙个不停地对孩子实施各种教育,几乎所有的人都在为了让孩子有学问而下大力气。人们在谈到教育时,总以学问为中心,好像让孩子具备知识就是孩子人生的全部目的。

在这种情况下,孩子成了一台只会接受知识,而不能真正从知识中获取养料的机器。虽然有些孩子很博学,掌握的知识已经是够多,然而他们并没能将知识用于生活的能力。这是什么原因呢?很显然,原因正是他们没有在学问中找到对自己有用的东西。有些人从小就懂很多学问,但长大之后仍然一事无成,甚至连成为一个稍有用处的人都无法做到,这也正是因为他们读死书而不解其意所造成的不良后果。

这样的人,谈不上有能力,谈不上聪明,更谈不上有智慧,最多能称上是一个很不错的记事本。

我们都知道,学习任何一种学问都要花费很多时间,都要耗费很多精力。从某种意义上讲,那种只关心学问和知识的人是在消耗他们的生命,浪费上帝赐给他们的宝贵财富。

每当我看到有些盼子成才的父母为了让孩子学会一点点希腊文

或拉丁语而不顾一切地"折磨"孩子时，便感到说不出的难受。父母和孩子都在为了那一点点知识而闹得沸沸扬扬，他们遭受了许多麻烦，又浪费了许多时间。许多本来有可能发展得更好的孩子。在他们最宝贵的年华中，不顾一切地花费八年甚至十年的时间死学一两种外国语言。父母在着急，孩子在拼命，可是根本没有人仔细想一想这种付出是否值得，也根本没有人冷静地计算一下其中的得失。

恐怕有人会问：你这样看待这个问题是不是太功利了？培养孩子还要计较得失吗？难道我不学习知识吗？

对于这样的问题，我觉得又好笑又无奈。在我看来，事实上许多知识和学问都可以无需花费太多的精力就能掌握。那种下死功夫教育孩子而丝毫不肯开动脑筋的做法难道不会让人感到可笑吗？遗憾的是，真正能够认识到这一点的人并不多。大多数人仍然在用毫无智慧可言的方法教育孩子，大多数孩子也在这种毫无生机的教育中白白浪费他们宝贵的时间。

虽然，我刚生下来时是个智力低下的婴儿，但上帝并没有不公平地对待我，相反，他对我很仁慈，他赐给了我许多人都没有得到的世上最宝贵的东西，他赐给了我最优秀的父亲，他赐给了我最富有智慧的教育。

在父亲看来，虽然知识和学问是一个人必需的东西，但它并不是惟一重要的东西，更重要的是人的聪明才智，是人的智慧。

父亲曾对友人说："我认为如果有谁不把一个有才干、有智慧的人看得比一个所谓的学者更可贵，那么这个人一定是个大傻瓜。实际上，不能在知识和学问中获得智慧的人是真正的蠢人。对于这样的人，让他们掌握知识和懂得学问越少越好，否则，这一切只会让他们更加愚蠢。"

很显然，父亲的这句话并不是要人们不要学习知识，而是劝告人们用更好的方式去更好地学习知识。

事实上，我在三四岁时已经获得了很多知识，这些我已经在前面提过。从我一开始接受教育，父亲就用他的极具智慧的头脑让我形成了这样的观点：读书、写字是必需的，但不是最重要的，它们只是

让我产生智慧的手段，是使我向更高层次发展的工具。

这一观点始终影响着我，是我现在研究学问和教学的基本宗旨。事实证明，这种观点是完全正确的。因为在三十多年的成长之中，尽管获得了很多知识，阅读了大量的书籍，接触了各种不同门类的学问，但我仍然没有因这些学习和研究变成一个书呆子或白痴学者。相反，我在这些学问中学到了许多学问本身之外的东西。我在23岁时发表了《但丁的误解》，对在那之前的有关但丁的研究提出了挑战性的见解。我想，如果我仅仅是一个读死书的人，那么就根本不可能产生那些独特的见解吧。

我想，这一切都应该感谢我的父亲。

怎样让孩子为快乐而学习

在儿童时代，对于我来说，读书完全是一种享受。也可以这样说，无论在幼儿时期、少年时期，还是现在，我的学习几乎都像玩游戏一样快乐。

父亲在教育上有一个非常独特并被现在的人们普遍接受的观点：即学习不应该成为孩子们的一种工作，也不应该是孩子的一种压力，更不应该是成长中的烦恼，而应该是一个所有人都乐于接受的爱好，应该是为生活增添色彩的美好事物。

在我小时候，父亲总能为我找到许多既让我学到知识又让我玩得尽兴的方法。他从来不把读书当成一个非完成不可的任务，也不把它作为我每天必做的事情。虽然没有任何的强迫，我仍然在那一段时期中阅读了大量的书籍，学到了许多知识。

这是为什么呢？

其实答案很简单，因为父亲正确的引导使我爱上了书籍，使我着迷于阅读。这样一来，学习对于我来说就是自然而然的爱好了。一个人喜爱上了某件东西或某件事情，还有谁能够阻碍他呢？

事实上，父亲不但没有像其他父母那样强迫我读书，反而还常常提醒我不要因太着迷于学习而影响了身体。

在我读书和学习时，父亲说的最多的一句话就是："卡尔，你应该休息了。已经过了吃饭时间了，呆一会再学好吗？"可见，我当时是何等地着迷于学习。

人都是喜欢随着自己的本性做事的，只要是自己愿意做的事，无论其中有多么大的困难也不会成为障碍。相反，不感兴趣的东西，无论怎样强迫和威逼。也不会有任何积极的作用。有很多孩子不喜欢读书甚至厌恶学习，我想大多是因为受到威逼的缘故吧。

人总是爱好自由的，一切束缚和压迫都会使你产生厌恶和反抗。如果别人把某件事强加给我们，我们会本能地做出反叛和对抗，这几乎是人的天性。这个原则也完全适合于教育。

当一个孩子不愿意学习，不愿意按照老师或父母的意愿完成功课时，其原因必定是他受到了强迫。强迫的学习必然会引起孩子的反感，这是不可否认的事实。

幸运的是，父亲在教育我的过程中，总是把那些看起来很困难的学习任务全都变成了我喜欢的游戏，全都变成了我兴致勃勃参与的消遣活动。

在我的印象中，小时候的学习完全是快乐和令人愉快的事，不仅是过去，即使是现在，学习对于我来说仍然是一件崇高的、令人感到荣耀的事。我从来没有在学习中感到难受的时候，也没有因学习不好而受到父亲责骂，因为所有的学习在我的眼中都是非常好玩的游戏。换句话说，我的学习是主动的，我的教育完全是我自己要求的。

这个世界上有谁能够拒绝既能带来荣耀又很好玩的事情呢？我想，没有人会这样，除非他本身就是一个愚不可及的人。然而，世界上原本就没有什么愚不可及的人，他之所以愚蠢，正是因为他没有得到合理教育的结果。

伟大的歌德从一开始就伟大吗？我想一定不是的。

歌德小时候曾有很长一段时间是个不爱学习的孩子，不仅不爱学习，而是非常厌恶学习。那时，他把学习当作自己最大的敌人。

然而，多年以后，歌德变成了一个具有相当影响力的人，他的学识远远超出了一般学者的范围之外。

这是为什么呢?

我想,在读完下面这个故事后,任何人都能够明白其中的道理。

歌德的父亲想尽了一切办法也不能让他用心于学习,无论采用何种方式,小歌德仍然成天无所事事。为此,小歌德不知遭到了多少次的责骂,挨了多少打。

一次偶然机会,歌德的父亲见到了著名的人类学家福斯贝特·库勒。由于库勒博士非常热衷于教育,便对歌德父亲讲述了许多名人的教育情况。

库勒博士讲述的事情使歌德父亲深受启发,回家后便改变了对待儿子的态度,并运用了全新的教育方法。

他不再要求小歌德完全服从他的意愿,而是常常向他讲述历史上那些伟人的事迹,并告诉他伟人们在小时候都是热爱学习的孩子。就这样,小歌德对学习有了新的认识,在他的心目中形成了热爱学习与崇高、伟大相关联的概念。

有一天,歌德的父亲正在与友人谈论一个他们不久之前遇到过的一个流浪汉。当他发现小歌德就在不远处玩耍时,便故意提高了说话的声音。

他大声说道:"听说那个流浪汉从小就不爱学习,整天游手好闲,他以为不学知识照样能生活得很好。没想到,当他长大以后,想为自己找个出路可已经太晚了。因为他什么都不懂,什么都不会,只能成为一个靠乞讨生活的卑贱的人。"

小歌德听到了父亲的话,突然感到了一种以前从未有过的震动。他想:"我应该是作高尚的人还是卑贱的人呢?"

显然,小歌德愿意作一个高尚的人。因为第二天,小歌德表现出了以往从未有过的举动。他主动地要求父亲教他学习知识,并不顾一切地拼命学习起来。

在那以后,刻苦的学习始终伴随着歌德的一生。

最终,他达成了自己的愿望,成了一个令人尊敬的高尚的人。

我想,既然小歌德能够作出这样的改变,其他的孩子也能够做到吧!

　　事实上，我在童年时期也有类似的经验。虽然厌学的时间很短暂，但父亲仍然以类似于歌德父亲的做法帮助我走向正途。

父亲的掷骰子教习法

　　父亲是一个非常细心而有耐心的人，他几乎把所有的教育我的方法以及过程都录入了他的日记本中。

　　其中的一篇日记这样写道:"今天我看见邻居家的小女孩在路边玩掷石子的游戏，她的那种专注劲儿足以令许多人吃惊。她一次又一次地将手中的小石子抛向一颗小树，尽自己的全力要想成为这一方面的能手。她的目的只不过是想每一次都准确地击中那颗树的树干。虽然是如此简单的动作，但她已经不知道重复了多少次。无论怎样，她的毅力的确令人叹服。从她的表情和兴致勃勃的劲头来看，这个小女孩一定对此充满了兴趣。当时我就想，如果有人能够对她的这种性情加以指导，一定会将她引向更有意义的事上去。如果把她的这种热情和毅力妥善地加以利用，那么她一定会做好任何一件有价值的事。这件事对我启发很大，使我对卡尔的教育又有了一些新的想法。"

　　父亲的新想法是什么呢?就是利用我的兴趣(正如那个小女孩掷石子时的那种兴趣)教会我读和写。

　　父亲认为幼儿可以被诱导去学会字母。在父亲的眼中，只要幼儿能够把读、写当作一种游戏，便能不需别人的督促而自己主动的学习。

　　事实上，我正是在父亲的这种诱导下在玩耍中学会字母的读音和书写的。现在想起来，父亲的这些做法非常具有合理性。因为幼儿的天性决定他不可能主动地去做严肃而过于理性的事，然而，这些本来严肃的事如果以另一种面目出现，即以一种轻松的、近乎于玩耍的方式出现，那么幼儿就会很容易地接受它。

　　父亲曾用一个六面体教我学习字母。那个六面体是他亲自用木块制

作的。他在六面体的每一个面上都用笔写上一个字母，然后像成年人玩掷骰子那样掷到哪一个字母就教我记住哪一个。

由于这种方法太像成年人的玩法了，所以我的兴趣立刻就被调动起来。有时父亲故意装作自己也不认识那些字母，于是我和他这种"竞赛"就这样开始了。渐渐地，我掌握了所有字母的读音和写法。

等我掌握了字母之后，父亲便又在六面体上写上简单的词汇。于是，我又学会了许多单词。

就这样，那个六面体的木块便成了我学习知识最好的工具。同时，它又是我幼儿时期最喜欢的玩具。

我想，父亲之所以能够想出这样的方法，是因为他准确地把握住了幼儿的心理。一般来说，要想使幼儿喜爱某种事物，最好的办法就是要让幼儿觉得这种事物也是成年人最喜爱的。因为成年人总是孩子们模仿的对象。我小时候能够对那个六面体产生那么浓厚的兴趣，恐怕最根本的原因还是在于它太像成年人玩的骰子了吧。

无论做什么，兴趣是首要条件。即使是这种游戏，也不应该强行要求小孩子去作。在日常生活中，幼儿总会花很大的力气去学习多种游戏。无论什么样的游戏，都是他们主动地想去学会，并非有人强迫他们。如果这种用来学习知识的游戏渗入了强迫的成分，孩子便会立刻失去兴趣。因为有了强迫的成分，孩子便会对游戏产生畏惧感，如果是这样的话，这种游戏又变成了一种新的教科书，它不但不会让孩子主动地接近它，反而会不顾一切地排斥它。

无论是我的父亲还是其他许多成功地教育了子女的人，他们都有一个很明显的共同点，就是他们都把孩子当作与自己平等的成年人看待，他们都非常细心地关注孩子成长过程中的方方面面。

如果说有些孩子的教育很失败，那么原因全部是在父母的身上。如果父母们都能为孩子做出好榜样，愿意引导孩子向正确的方向发展，都能以平等的姿态对待孩子，都能有足够的耐心与他们做游戏，那么孩子的教育一定会变得更加容易起来。

不可忽视的潜印象教育

人与动物最大的区别就是人有完整的语言，动物都没有。语言是因为人类拥有复杂而聪明的大脑才出现的，反过来，语言也能够帮助人类让大脑变得更加聪明。

现在已经有许多专家可以证明：在人的一生之中，1 至 5 岁是最有语言才能的时期， 如果充分地将这段宝贵的时光加以利用，那么无疑对于人的一生来说都是一件幸事。相反，如果在这短短的几年中荒废了岁月，那么由此带来的损失将永远无法弥补。

近几年，人们都已经渐渐认识到了尽早教孩子语言的重要性。可是多年以前，还在大家都对此毫不在意时，我父亲已经在这样做了。

在父亲的那个时代，大多数人在教育孩子上都显得漫不经心。特别是对于二三岁的幼儿，他们根本就没准备着手教育，因为那时的人们普遍认为教育应该从七八岁才开始。

在小孩子学说话的问题上，许多人认为这是自然而然的事，根本用不着专门去教。也许有人还会有这样看似充分的理由：我小时候就没有人专门教我说话，可现在还不是学会了吗？

当然，大多数人都是在不知不觉中学会说话的。然而，如果在婴幼时期得到了更好的训练，那么我们的语言能力不是会更好吗？更为重要的是，尽早地学习语言，其作用不仅仅在会说话这一方面，因为它与一个人的智力发展密切相关。

据有关研究证明，说话早的孩子往往比其他孩子更聪明。他们的思维能力、表达能力都要比那些说话较晚的孩子强许多。

我出生时并不是一个理想的婴儿，甚至有人说我是一个弱智儿。然而，由于父亲对我的教育开始得比任何人都早，才使我取得了今天这样的成就。这些事是在我上大学之后父亲才告诉我的。特别对于我"弱智"这一件事，他一直瞒着我，直到十六岁时才让我知道。奇怪的是，我在童年时代并没有感到任何比别人差的地方。在我的印象中，我一直是一个受人称赞的孩子，甚至有人称我为"天才"。

显然，我之所以能够以所谓"天才儿童"的姿态出现在人们的面前，这完全归功于父亲对我的教育。说实话，我真不敢设想如果没有父亲那种无微不至的爱以及他充满智慧的教育，我现在会变成什么样子。

据父亲说，在我还是个婴儿的时候，他就坚信能够将我培养成优秀的人才。他认为语言教育会决定我一生的发展，于是便从那时起就用准确的发音、优美的语句与我说话。虽然，我不能完全听懂他说的话，但他仍然坚持自己的做法，并以耐心和毅力尽力让我形成正确语言的概念。

事实上，我在二三岁时便表现出了惊人的语言能力。这种现象使周围的许多人感到吃惊，特别是那些认为我"弱智"的人，恐怕做梦也没有想到我这个"低能"孩子居然会有如此超出常人的才能吧。

人们只重结果而不关注其原因，这似乎是人类的劣根性。发生在我身上的"奇迹"出现之后，人们又开始议论纷纷，说我是一个看似弱智却是实际上聪明绝顶的天才，他们根本不承认这一切都是父亲对我教育和训练的结果。还有人认为我只是在语言方面有过人的天赋，而在其它方面统统是个"弱智"。

对于这些议论，父亲从来都不将它们放在心上，仍然坚持他自己的观点并继续用他的方法训练我。

父亲认为，孩子一出生就有主动向外部世界学习的欲望。基于这样的观点，父亲便充分利用周围的事物对我进行训练。

这些周围的事物指的是什么呢？当然就是那些我们随处可见、随手可触的东西。在我还不能开口说话时，父亲和母亲便抱着我让我看房间里的桌子、椅子、花瓶等日常生活用品，并不停地用标准的德语说出它们的名称。

这种做法看似简单，实际上却是很不容易的事。在我现在仿照父亲的做法教我的孩子学说话时，我深切地体会到了它的难度。因为这种做法不是一天两天就能达到效果的，它需要不厌其烦地坚持才会有成效。不难想像，成天面对一个什么都不懂的婴儿还要向他不停地说话，如果没有充分的耐心根本就无法办到。

有一次我问父亲："那时我还是个婴儿，你认为这种做法会对我有用吗?"

父亲说:"当然有用。"

"可是,我当时根本听不懂呀!"

父亲意味深长地说:"虽然你听不懂也无法开口说出那些词汇,但这些词汇已经在你的脑子里留下了印象。等到你能够开口说话时,这些印象会立刻与你想说的话连接在一起,相应的词汇便迅速地从你的嘴里下意识地跳出来了。"

我的学习语言

在我能够说话并逐渐地掌握了德语之后,父亲便开始教我其它的语言。

众所周知,拉丁语是比较难学的语言。我在念大学时就发现了这样的现象:许多同学一碰见拉丁语就会产生畏惧感。在这种畏惧感之下,几乎很少有人能够较好地掌握它。有许多人在学校中辛辛苦苦学会了一些拉丁语后不久又迅速地将它们扔得干干净净。

我在刚开始接触拉丁文时,也感到有困难。据父亲说,我在学习语言上一直都显得很轻松,无论是法语还是英语我都能迅速地掌握它们。唯独拉丁语使我表现出了力不从心。

原因是什么呢?

很简单,因为我受到了周围人的一些不良影响。

虽然当时只有四岁,但我已经能够注意别人对某件事的态度了。不仅如此,别人的谈话以及对某件事的看法还会对我产生各种各样的影响。我想,这种情况是普遍存在的。不仅对于我,可以说世界上所有的孩子都会在于别人的评价。

比如说,当一个孩子得到别人的赞扬时,他就会自我感觉良好,会坚信自己是个好孩子。如果常常受到别人的指责,那么这个孩子就会对自己产生了怀疑,甚至厌恶自己,认为自己真是个坏孩子。

一般来说,人们总是只做对自己有用的事,把那些看似无用的学问

视为只会浪费时间的东西。这种现象，也常常反映在语言的学习上。

我身边那些学不好拉丁文的同学，大多是因为这种语言没有实际作用，他们更愿意把时间花在学习法语、英语等能够给他们带来实用性的语言上。

我之所以在开始时学不好拉丁语，主要的原因也在于此。因为当时我曾听到别人这样议论：

"威特牧师是想做什么呀！他让孩子学习了法语、西班牙语还嫌不够，还要让他学习拉丁语。这有什么用呢?谁都知道拉丁语又难学又没有用处。我看威特牧师一定是有毛病。"

不难想像，以我那时的分辨能力，怎么能够正确地对此作出判断呢?听别人这样说，我自然会对拉丁语产生排斥之感。

有一天，父亲在我既不用心又不投入地学习拉丁语时走到了我的面前。

"卡尔，你好像不太喜欢拉丁语呀。"

"没有呀，我不是正在学吗?"

"可是你的表现与学习法语和英语时完全不一样。"

"没有什么不一样呀，我一直是这样的。"

"不对，我发现你学习拉丁语时没有学习其它语言时用心。"

父亲一下子就看出了我的真实心态，但我无法再为自己辩解。

沉默了良久，我终于开口说出了我的想法："爸爸，人们都说学习拉丁语没有实际的用处，我为什么还要学呢?"

父亲奇怪地问："你怎么会有这样的想法?这是谁告诉你的。"

于是，我便向父亲讲述了别人对此事的议论。

我本以为父亲听到了那些议论之后会很生气，没想到他根本不为之所动，反而慢慢地对我加以开导：

"卡尔，你要记住。任何事情都不能仅仅以有用和无用简单地作判断。拉丁语是世界上最完美的语言，它是高尚的人必须掌握的语言。如果你学会了拉丁语，就可以直接阅读《伊索寓言》的原文，也能轻松地读懂《圣米丽瓦》。那样的话，你就不会遭受因翻译不准确而造成的损失。

现在有许多人不能正确地对待知识，他们一切都以所谓的实用性去做。殊不知，正是这种只重实用的观念使他们失去了许多宝贵的东西，有些人也因此而变成了低微的人。我想，你不愿意也变成低微的人吧?"

"当然不愿意。"

由于我在思想上抛开了这一困绕我的观念，不久之后，拉丁语的学习逐渐变得容易起来。我发现，学习拉丁语与学习其它语言一样，并没有什么特别困难之处。

音乐学习中的教育观

在前面我提到了父亲教我学习音乐的事。事实上，对于音乐的爱好始终伴随着我的成长，并非只在童年时期。

教孩子学音乐，学乐器是我们这个时代很普遍的事。据我了解，只要家庭条件比较优越的孩子，几乎每一个人都有学钢琴或学小提琴的经历。

人们普遍认为，像音乐这样的艺术在生活中并没有太多的实用性。可是，为什么又有许多父母不惜余力地让孩子去学习呢?据我所知，父母要孩子学习音乐的想法有许多种。有的父母想让孩子多一种爱好，有的父母想让孩子能成为他人羡慕的"神童"，有的父母也有类似帕格尼尼父亲那样的动机：孩子的成功可以带来丰厚的利润。

虽然有些动机是可取的，有些动机是应遭到指责的，但谁也不能否认这样的事实，即孩子能够在音乐学习中获得其它方面很难或根本不可能获得的智慧。

我们都知道，音乐是看不见也摸不着的东西，它也不像语言那样一听就能懂得想说的意思，音乐完全是抽象的、不可捉摸的东西。然而，正是这种抽象的东西中蕴藏着生活中无穷的思想和智慧。

大多数孩子在学习音乐时往往从学习技巧开始,致使许多孩子不但没有得到学习音乐的乐趣，反而对它产生了厌恶感。当然，技巧在音乐中，特别是在演奏乐器中极为重要，但它不能代表音乐的一切。

从某种意义上讲，技巧只是音乐的附属部分。情绪、思想，才是音乐的核心。

人们总以为我学习音乐并一直将它作为我的第一爱好仅仅是一种工作和学习之余的消遣，其实这是一种误解。我在音乐之中获得的东西远远超越了娱乐和消遣的范围。

在小时候，为了让我尽快掌握音乐的基础知识，我的钢琴教师每天让我弹尽枯燥的音阶。虽然这是必需的，但我在这种无味的练习中丝毫没有得到任何的快乐，也没有得到任何我想了解的东西。

这种状况使我对音乐失去了本来很浓厚的兴趣。

有一天，我鼓起勇气向父亲诉说我的这种感受，并向他表示不想再学下去了。

当时父亲并没有表明他的意见，而是这样问我："难道音乐不美吗？难道音乐仅仅是枯燥的音阶吗？"

我回答道："当然不是，每当听到大师们的作品，我都会产生无限的崇敬。像贝多芬、莫扎特、巴赫、帕格尼尼、维瓦尔等这些大师的作品都是我最喜欢的。我在这些作品中感受了无穷的快乐，也在这些音乐中感受到了许多说不清楚但却能真真切切地感觉到的东西。"

父亲问："既然这样，那么你为什么不想学习音乐了呢。"

我说："大师的音乐都很优秀，很动听，可我学的这些东西一点也没有意思。何况，我在弹这些音阶时感到非常费力。"

父亲问："卡尔，你有没有想过，音乐是由什么构成的，它们是通过什么来表达的呢？"

"当然是声音呀！任何音乐都是由无数个音符和不同的音阶构成的。"

"这就对啦，如果没有音阶，就不可能有动听的音乐。既然这样，你为什么要拒绝音阶训练呢？"

父亲的问话使我哑口无言，只能吞吞吐吐地说："可是音阶的确太枯燥了，如果一定要学的话，我想学大师的作品。"

父亲说："人们都知道大师的音乐很美。可是，生活中虽然有很多学习音乐的人，但他们大多数都没有真正进入音乐的大门。这是为什么呢？因为他们都没有将全身心投入到音乐之中，没有真正地从音乐的点点细节中学起。你也知道，音阶是音乐的基本元素。如果不能良好地掌握音阶，其它的一切都是无法做到的梦想。何况，既然音阶是音乐的一部分，它也有相当大的魅力，也有无穷的美感，就看你怎样去认识它。我曾见过许多优秀演奏家，哪怕是最简单的音阶，在他们的弹奏下也是美妙动听的音乐。"

我说："这一点我完全相信，可是练习音阶实在太难了。"

父亲说："世界上有哪一种事不困难呢？如果你觉得音阶太难，根本不愿通过努力去掌握它，那么干脆放弃音乐学习好了。因为在音乐学习的过程中，你将面临更大的挑战。后面还有更难的呢！"

见我没有说话，父亲便继续开导我："我时常告诫你一定要成为一个有智慧的人。什么是有智慧的人呢？我想，能够在生活中的任何一个细节中都能发现美的人就是个智慧的人，能够从小事做起的人就是智慧的人，能够用毅力战胜困难的人就是智慧的人。"

自那以后，我不仅很好地掌握了音阶，也对音乐有了更深的认识。

一切都要从小事做起，一切成就都要通过努力去争取，这便是我在音乐学习中得到的智慧。

第五章

　把人格理念植入幼小的心灵

> 我认为，所有的父母都有责任给儿子留下四件宝贵的财产，即德行、智慧、礼仪和学问，父亲的理想就是把我培养成这四方面具备的人，缺一不可，否则"就不会幸福。"
>
> 这其中，又以德行是第一位的，是不可缺少的。因为德行愈高的人，其他一切成就的获得也愈容易，而德行一旦失去又是绝少再能恢复的。

什么是儿童知道的"善"

我认为，每个绅士都有责任给儿子留下四件宝贵的财产，即德行、智慧、礼仪和学问，父亲的理想就是把我培养成这四方面具备的人，缺一不可，否则"就不会幸福。"

这其中，又以德行是第一位的，是不可缺少的。因为德行愈高的人，其他一切成就的获得也愈容易，而德行一旦失去又是绝少再能恢复的。

父亲甚至认为拥有好的品德比拥有高超的学问和才能更要紧。当我还是个懵懵懂懂、不辨善恶的小婴孩时，他已经开始注意这个问题了，在我八个月时的育儿日记上，父亲写道：

"卡尔八个月大了，长得很好，也懂得了许多事情，而且，他开始有脾气了。今天发生了一件事，很值得我深思。

中午时柯蒂喂他吃饭，我看到柯蒂吹了又吹，可他似乎还嫌烫不愿吃。柯蒂继续哄着他吃，但他忽然发起脾气来，手脚乱舞着打柯蒂。

他妈妈喂他时，他又表现得顶温顺，乖乖地把饭吃完了，弄得他妈妈责怪柯蒂不好好喂他。

看到这一幕我感到很震惊。我们都以为婴儿除了吃和睡什么也不懂，但他们却可以凭本能感知一切。一个婴儿是不明白善与恶的，可是他的天性中却包含了这两方面的因素。要想有效地增长他的善，抑制他的恶，看来必须尽早进行教育才行。"

父亲认为"善"是德行的基础。一个人心中如果没有善的观念，不存在善心，不进行善行，其他一切好的品德就都无从谈起。为了培养我的善行，父亲下了很大功夫。

我刚一懂事，父亲就开始给我讲自古到今劝谏善行的各种故事，特别是《圣经》中的故事，比如"约瑟和他兄弟的故事"、"大卫与歌利亚的故事"、"大卫与约努单的故事"、"寡妇投钱的故事"等等，每天临睡前他都会讲一个。

等我稍长大一些，父亲让我背诵各种道德诗。我们德国有许多讴歌仁爱、友情、亲切、宽容、勇气、牺牲等方面的诗篇，这些诗篇我三四岁就会背了。此外，我还能背《圣经》中的诗歌、教义、十诫和很多句子。

当我把这个方法应用到教育儿子身上时，我妻子都不以为然。她主张给儿子讲讲童话儿歌之类的就行了，因为讲那些超出小孩子理解力的东西是一点用处也不会有的。相信有许多人都与我妻子持同样的看法。但我却非常认同父亲的做法，我认为这些全是培养孩子善的观念的宝贵财富。

以我自己为例，在那个年龄虽然还不能完全理解父亲讲的东西，但在幼小的心灵中极早就印上了对于上帝的真实观念，知道上帝是独立的至高的存在，是一切事物的主宰和创造者，我们从他那里得到一切善，他爱我们，给我们一切，我们也要爱并且敬仰这个至高的存在。对于一个小孩子来说，这最初的印象就是善的观念的来源了。

我从小时候起每天临睡前都要向上帝祷告，交代自己这一天都做了哪些好事、哪些坏事，这个习惯一直保持至今。因为在我的观念里，上帝创造了一切，统治着一切，也听见一切，看见一切。

记得是在三岁时，父亲给我讲了马太福音第十二章的故事。那个故事给我留下了很深刻的印象，到现在都能背诵：

"耶稣对银库坐着，看众人怎样投钱入库。有好些财主往里投了若干的钱，有一个贫穷的寡妇来，往里投了两个小钱，就是一个大钱。耶稣便叫门徒来，对他们说："我实在告诉你们，这贫穷的寡妇投入库里的，比众人所投的更多。因为他们都是自己有余的，拿出来投在里头，但这寡妇是自己不足，把她所有的一切养生的钱都投了。""

有一次我过生日，父亲特意带我去街上买了我最爱吃的麦圈饼。这在父亲是顶例外的事了，我高兴极了，捧着麦圈饼一直不舍得吃。这时，一个吉普赛女人抱着一个两三岁的孩子走到我们面前，她向父亲哀求道：

"牧师，请发发善心吧，我们已经有两天没吃任何东西了，您看，孩子都饿得快不行了。"

那孩子的样子确实可怜极了，骨瘦如材，脸色也苍白。他一看到我手中的麦圈饼，立刻眼巴巴地盯着不放。

他那个样子真让我不忍心，很想立刻就把麦圈饼递给他。可是，这东西父亲也极少给我买，今天好不容易买了我还没吃上一口呢，说什么也舍不得给出去。父亲一眼就看出了我的心思，于是对我说：

"卡尔，还记得那个寡妇投钱的故事吗？你想想如果是那个寡妇在这种情况下会怎样做？"

父亲的话顿时提醒了我，我马上把麦圈饼递给了那个孩子。当时，孩子与吉普赛女人毫无神采的眼睛里顿时放出光来，我现在还记得他们那充满惊讶与感激的眼神。

父亲表扬说："卡尔，你做得很对。尽管你能给他们的很少，但却像那个寡妇的一个小钱那样有价值。"

通过这件事，我发现了善行的乐趣。虽然我没吃到麦圈饼，但却体会到了比吃到更巨大的喜悦，那是一种能帮助别人、能给予的快乐。

从此以后，每当附近的人们有了灾难，当父亲前去看望时，我都会把自己微薄的一点存钱拿出去买礼品，让父亲带去慰问他们。这样做让我非常快乐。

对此，父亲说："学习为我们带来现世的幸福，善行则给我们带来上帝的嘉奖。"

为了这种嘉奖，我一辈子都在为做善事而拼命努力。

不要做"讨厌的鳄鱼"

我们都生活在社会之中，每个人的行动都要受到社会规范的约束。每一个社会，每一个时代，都有自身独特的对社会规范的理解，有自己独特的价值体系。但是，无论过去还是今天，都有一些共有的对基本价值的尊重与遵守。这些基本价值有：**诚实守信、有责任心、自律、忠诚等等。这些都是良好品德的构成要素。**

父亲尤为重视培养我诚实守信的品德。俗话说："诚实贵于珠宝，守信乃人之珍。"诚实守信的品质对于人的成长是至关重要的。

父亲经常告诉我，由于我们处在一个以契约为基础的社会，所以只有诚实守信的人才能得到别人的信任，而那些爱撒谎、没信用的人只能自食其果。诚实守信可以说是一个人立身处世的根本。

因此，父亲最不能容忍的就是撒谎。他认为诚实守信是属于上帝的品格，而撒谎则是属于魔鬼撒旦的品质，是许许多多恶德的根源。只要一提起说谎这件事，他总是表示出极端的痛恶。而一旦发现我有撒谎的行为，他是绝不宽恕的。

有一次，我的好朋友汉斯邀请我参加在他家举行的复活节晚会。我正要出门，父亲回家来，兴冲冲地对我说："卡尔，你不是一直想知道魔术是怎么回事吗？现在镇上来了一个魔术师，我们马上出发，看他的表演！"

我一听高兴坏了，看魔术表演一直是我最向往的事，好不容易有了这个机会，我立刻把与汉斯的约定抛到九霄云外去了，激动地嚷道："那我们快走吧！快去！"

这时母亲提醒我："哎，你不去汉斯家了吗?"

"不去了，不去了。"我不加思索地说，"如果汉斯再来叫，你就说我生病了，不能出门。"

父亲一听这话顿时停住脚步，问道：

"怎么?你已经和汉斯约好了要去他家聚会吗?"

看看父亲严肃的样子，我不敢说谎，又得老老实实地回答："是的。"

"那你刚才为什么不告诉我你有约在先?"

"我……我更想跟你去看魔术表演。"

"所以，你宁愿对汉斯失约。"

"是的……可是，去汉斯家的人很多，并不少我一个人，我想没有什么关系的。"

"没有关系?!"父亲怒喝起来，"卡尔，你居然认为撒谎骗人也没有关系，不守信用也没有关系，是吗?那么，你并不想做一个堂堂正正、光明磊落的诚实的人，而想把自己变成虚伪奸诈、谎言弥天的人，是吗?"

"不……不……"

"从来我就教育你，说谎是一种极坏的品质，是和绅士的声名与品格绝不相容的品质。凡是稍有声誉的人都不能容忍这一罪行，它是一个最可耻的标记，会使人落到最羞辱的下贱境地。我教育你的这些话，你难道全忘了吗?真是太让我失望了。现在你认为这些都没什么关系，照这样下去，你会和那些极可鄙的人类、极可怖的流氓成为一类的人。"我从没见过父亲如此生气，如此的声色俱厉，他说的话更是让我羞愧不已，忍不住哭了起来。父亲根本不理会我的眼泪，继续他的训斥：

"你犯了两个大错：第一，你对汉斯不守信用，第二，你对我不诚实，还想说谎欺骗汉斯。你必须受到严厉的惩罚。本来如果你说实话，我可以推迟到明天带你去看魔术，但现在，你休想再去看魔术。你必须马上到汉斯家去，为自己的行为向他道歉。"

"我哪儿都不去。"我大哭着说。

"不行!"父亲毫不留情地说，"答应了别人就一定要遵守约定。"

接着，父亲就给我讲了一则题目为《鳄鱼的眼泪》的寓言故事：

"从前，有一条鳄鱼，它的名字叫布哈亚。有一天，它想变换一下自己居住的地方，就从水出来爬到一片沙漠上。由于天气特别热，鳄鱼被晒得躺在那里动弹不得，想回到水里，可又没力气。这时，它看见有个青年人从一条小路走来，就赶快向青年呼唤。青年听到喊声走了过来。

鳄鱼油嘴滑舌地说：'我看，你是个勇敢的人。你的脚很端正，好像船舶的粗绳一样，我想你的力气也很大。请你帮助我一下，把我背到水里，事后我会给你优厚的报酬。'

青年心想，要是能得到一笔钱，我就可以买米和食品，何乐而不为，所以就答应了鳄鱼的请求。

好心的青年终于把鳄鱼放到河里，然后说：'布哈亚，你不是答应给我钱吗？'

鳄鱼流着眼泪说，"你能看出我很受感动吗？我对你以德报德，相信你会知道的。说实话，我把你吃掉是毫不费力气的，但我不这样，我只要你一只脚就行了。'

青年听了后，十分气愤地说：'怎么？！我救了你，你不但不给钱，反而打算……'

'咳，'鳄鱼打断青年的话，从他的眼里又流出一滴眼泪，"你辜负了我的一片好心，我只要你的一只脚，而不吃整个人，难道这不是天大的恩赐吗？'

穷苦的青年这才明白自己上了当，就大骂鳄鱼，鳄鱼也无理地责备青年。两人的吵声惊醒了正在睡觉的白鹭，白鹭问他们：'你们搞什么鬼！为什么争吵啊？'青年将发生的事告诉了白鹭，白鹭听后说：'我才不信你能把鳄鱼背到河里去，你必须重新背一遍给我看看。'

这时鳄鱼想，这个青年已没劲了，他要是背不动我，那白鹭就会认为他在撒谎。于是它就答应了白鹭。

青年无奈，只好按白鹭的话把鳄鱼背到原来的地方。待放下后，白鹭说：'鳄鱼，现在让这位青年讲，他还想不想救你。'

青年说：'伪君子！骗子！这次我再也不会上你的当了。'

说完，他就和白鹭走了，把鳄鱼留在炎热的沙漠上。

讲完这个故事以后，父亲说：'撒谎骗人、不守信用、不诚实的人，就像这条鳄鱼，只会让人鄙视，让人厌恶。你想让自己变成这种人吗？'

"不，我才不要做讨厌的鳄鱼呢。爸爸，请你原谅，我没有对你说实话。现在，我马上去向汉斯道歉。"

《鳄鱼的眼泪》这则故事给了我很大的影响，后来我经常讲给儿子听，让诚实守信的观念深植在他幼小的心灵中。

慷慨不是把你不需要的送给别人

同情心是人类所独具的美好情感。具有同情心的孩子不会霸道蛮横，能从事对社会有益的事情，比如帮助他人，分担他人的痛苦等等。这样的孩子更能得到他人的喜爱，无论在学校和日后的工作中都有更多的好机会，成人后也更能与朋友，家庭建立起亲密无间的关系。

父亲为了把我培育成这样的人下了很多功夫。他时常教育我爱的魔力，告诉我爱是上帝赐给我们的最伟大的力量，能尊重他人，同情他人，所得到的回报将是无限的。

在这些问题上，先讲讲道理作用是有限的。因此父亲首先就给我做了个好榜样。我从小就看到，他在与别人相处时既热情又有分寸，懂得尊重别人内心世界中最为细腻的思想、愿望和感情。在家里，他也努力营造一种体贴，真诚和礼让的气氛。

有许多家庭里的孩子对仆人使用横暴的言词，呼以轻蔑的名称，待以傲慢的举止是常见的事，好像仆人是属于另外一个种族，是比他们低下的一种似的。在我们家里，从来没有这样的事。父亲对待仆人温和有礼，既尊重又爱护，所以仆人们跟我们就像一家人一样。由于父亲的这种态度，我从来没有仆人是下层人的意识，而是把柯蒂她们当作母亲一样。

父亲也不允许我虐待弱小的动物。只要我粗暴地对待动物，父亲立即以同样的粗暴来对待我，使我体会到那种痛苦。

许多人都不愿自己的孩子过早了解人世间的悲伤、痛苦和不幸，认为会破坏孩子快乐的童年。但父亲从不对我隐瞒。他去看望、帮助穷苦人时总是带上我。让我从小就面对人类生活的另一面。

我才 3 岁时，有一天父亲上气不接下气地跑回来，对我和母亲说："走，快走，有人急需帮助，我担心会出事！"

在路上，他告诉我们有一位老人在教堂的墓园里已经坐了一个上午，佝偻着身子，什么也不看，什么也不听。

"他的眼睛里充满了痛苦和悲伤，必须赶快去他那里。"父亲这样说。

我们赶到了墓园。那老人原来是里的格尼卡老大爷，他遇到了极大的不幸：三天前他埋葬了自己的妻子。他的兄弟和儿子也都早已去世，现在他孤苦伶仃，没有一个亲人。一想到这些他就悲痛欲绝，几乎失去了活下去的勇气。

我们把老人送回家，但是老人害怕孤独，不愿进屋。于是父亲就让我留下来陪伴他。我和老人一起做游戏，发现他特别喜爱鲜花，就对父亲说。

"咱们把这里花园里的玫瑰全送给老爷爷吧，他看到花就不会难过了。"

于是，父亲和母亲带着佣人们在老人屋旁的空地上开辟了一个很大的玫瑰苗圃，里面种满了红玫瑰、黄玫瑰和白玫瑰，非常美丽，村里人都爱去那儿玩，老人再也不寂寞了。

"我的孩子，"格尼卡老爷爷有一次这样对我说，"谢谢你们，如果没有你们的好心帮助，我可能已经不在人世了。"

这是我第一次去帮助别人并体会到同情和帮助别人的意义，我成年后知道这是爱心的表现，是来自千万人心底里本来的善良，是掌握在人类手中的最有力的工具，具有无穷的力量。

有的孩子既不关心别人，而且还行为邪恶残忍无情。不过，我不认为应该归罪于孩子，这大多是家庭的不幸和早期教育的不足造成的。洛赫村的两位寡妇玛丽娅和克丽斯汀的事我经常听人说起，她们的遭遇就说明了加强这方面的教育是非常必要的。

玛丽娅和克丽斯汀是邻居，玛丽娅的儿子叫彼得，克丽斯汀的儿子叫法赛尔。两个儿子是同龄人，一起读书，一起长大，在拿破仑战争时期，一同去参军打仗，战争结束后，两人又一起回到村里。看到儿子们健康地回到家中，两位母亲快乐极了。遗憾的是，还没高兴多久，她们就都遇到了不幸，不过她们的命运却完全不同。

玛丽娅中风瘫痪，倒在床上不能行动。听说科隆有一位名医，彼得和他的新婚妻子立刻卖掉房子，凑足路费，把妈妈送到了科隆。医生告诉小俩口，母亲需要在医院住上一年半或者更长的时间。

两个年轻人的生活变得十分艰难，但他们时时想着要帮助母亲，彼得又卖掉了自己的战利品和妻子的衣服，他一心一意只想治好母亲的病。

两年后玛丽娅终于痊愈出院。她对乡亲们说："不是药物，而是两个孩子的一片孝心治好了我的病。"

再来看看克丽斯汀。她的儿子法赛尔回家时拎了几箱子战利品，但从来不在母亲面前打开它们。他嫌母亲的房子太狭窄，于是在镇边靠近田野的僻静之处盖起了一座砖房，结了婚，小日子过得顶好。

而克丽斯汀的房子眼看就快倒塌了。她请求儿子修修屋顶，儿子却告诉她他自己的事都忙不过来，让她自己想办法。克丽斯汀气病了，躺在床上动弹不得。邻居们要法赛儿去照顾母亲，他嘴里答应着，却从来不去。只有好心的领居们照料着克丽斯汀。

半年过去了，一年过去了，克丽斯汀的病情不见好转。在此期间法赛尔一次也没去探望过母亲。村里的人都说法赛尔是不孝的儿子，后来干脆骂他是畜生。

为什么一起长大的两个孩子会有如此巨大的差别呢?原因就在于他们所受的不同教育上。

克丽斯汀非常疼爱儿子，老是担心有什么事情会让儿子伤心，一味满足他，从不让他了解和分担别人的痛苦。

法赛尔喜欢吃蘑菇，母亲就天天到森林里采来给他吃。有一天她在森林里划破了脚，好不容易才回到家里。可她极力遮掩这种不幸的事情：怎么能让自己的痛苦破坏孩子的好情绪呢？

就这样，法赛尔从来就不知道，为了她，母亲遭受过什么样的不幸和痛苦。长此以往，他成了一个心里只装着自己的自私自利的人，从不知道同情，从不知道给予别人帮助。

而彼得所受的教育却完全两样。玛丽娅从小就让儿子体会到怜悯、仁慈、同情这些美好的情感，教育他不要只顾自己。

玛丽娅有个邻居是个孤老太太，每当果园里的水果熟了，她就让彼得把最先成熟的果子给老太太送去。至于冬天帮她劈柴生火，生病了照料她的生活，更是彼得习以为常的事。

玛丽娅最常对彼得说的一句话就是："听着，儿子，要用自己的心去关心别人的疾苦。"

我从小也受着这样的教育，父亲把我培养成了与彼得一样富有同情心的人。当然我也会这样来教育我的儿子。

虽然儿子现在还太小，但我总是告诉儿子，**我们每个人都应该关心他人，因为我们 每个人都受到过别人的帮助，我们也应该随时准备着去帮助别人。我要儿子从小就懂得，能减轻他人痛苦，能替他人分忧，是一个人最大的幸福所在。**

不要用嘴说俭约

《圣经》上说，节俭是人的一大美德。无论是在贫穷的年代还是富裕的年代，我们都应当崇尚节俭。从小的方面来说，是为居家过活打算；从大的方面来说，是为人类后代节省资源。无论从哪个角度，都应该提倡节俭的良好作风和习惯。

近来随着德国国力日渐强盛，世风也日益出现奢侈的倾向。不过我们可不能忘记过去的教训，正是豪华奢侈风气弥漫整个社会，毁掉了强大的巴比伦和罗马帝国；而就在不久前法国皇后和王室的极度奢侈，才引发了法国大革命，造成了欧洲近三十年动荡。

父亲时常对我说，生活上越节俭的人，心灵愈接近上帝。他就是这样的人，他也将我培育成了这样的人。

我家里一直有一种节俭的风气。从小我就知道不能浪费一粒粮食，把盘子里的东西吃得干干净净不但不失礼，反而是值得表扬的行为。我的衣服都是用大人的衣服改的，除了一套积木，父亲几乎没给我买过其他玩具，而是自己动手为我制作玩具。小的时候，我很羡慕别的孩子抱在怀里的毛绒绒的小熊，母亲就用做衣服剩下的边角余料做了一个，这使我懂得了变废为宝的道理。

父亲就是这样在生活的每个小小的细节之中教育我养成节约的习惯，随时提醒我不要随便浪费东西。

有一天我和父亲在街上散步，碰巧路过一个文具店，就顺便进去看一看。我被一套漂亮的画笔吸引住了，看了很久也看不够，无论父亲怎么催促，我就是不肯走。

我央求父亲说："爸爸，我想买那套画笔，可不可以？"

"你为什么要买它呢？"父亲问道。

"因为它是一套顶漂亮的画笔，有了它，我准能画出最棒的画来。"

"可是，你不是已经有一套这样的画笔了吗？"

"是，不过那套笔是两个月以前买的，现在已经旧了。"

"什么话！"父亲不高兴地说，"两个月前买的画笔，现在就说旧了？"

我听说有一位著名的画家，他的一套笔用了将近十年还舍不得扔掉。再说，画笔有什么旧不旧的呢？只要能用就行了。我才不相信什么'漂亮的笔就能画出漂亮的画'之类的鬼话！"

"哦，爸爸，求求你了，我真的很喜欢这套笔。"

"不行！用完了旧的才能买新的，这是家里的规矩。"

"你真小气！"我也生气了。

"我可不认为节省就是小气。省钱是好的行为，省下钱可以买其他更急用的东西。浪费才可耻呢。"

尽管父亲已经讲明了道理，可我当时也不知是怎么了，一门心思只想得到那套画笔。我从来不是一个任性蛮横的孩子，但那天我却又哭又闹，力图使父亲屈服于我的意志。

这是大家在商店里经常会看到的情景：孩子为了强迫父母买这买那而死死乞求，耍赖撒泼，甚至当众满地打滚，父母试图制止，但最后的结果多半是妥协了事。

然而，父亲却不会对这种行为妥协。他根本不为我的哭闹所动，把我硬拽回了家，一边生气地说：

"你哭也没有用，我是绝不会给你买的，绝不！"

那天我也气极了，回到家中仍然大发脾气，哭着对父亲说："你就是小气！小气！你什么都舍不得买给我，因为您一点也不爱我。人家史德烈的爸爸才爱他呢，史德烈要什么，他就给买什么。你是个坏爸爸！"

史德烈是我家隔壁的小孩。他家非常有钱，他有吃不完的零食，玩不尽的玩具，光是小马都有两三匹。听人家说，他母亲穿的衣服和用的香水全是从巴黎订购的，他父亲更是挥金如土，有时一晚上就在赌场输掉上百马克也不在乎。

见我这样激动，完全失去了理智，父亲不再理会我，一直等到我停止了哭闹，心情平静下来以后，他才来给我讲道理。

"卡尔，你真的羡慕史德烈吗？在他家里，每天晚餐都有丰盛的宴会，吃不完的东西统统倒掉第二天又重新做。史德烈有那么多衣服玩具，一个人哪里用得到这许多，他们宁愿把东西放在家里发霉，也不愿施舍给穷人。这种浪费的行为有多可耻啊！告诉我实话，卡尔，他们那样奢侈无度的生活你顶想去过吗？"

我为自己刚才失去理智的行为感到惭愧，不好意思地说："哦，不，我一点也不想去过那种生活，我也不是真的有多羡慕史德烈，只是刚才想到如果是史德烈，一定早就可以买下那套画笔了。"

"是的，我相信史德烈一定有好几套画笔，可是又怎么样呢？他从没画出过什么像样的画，而你虽然只有一套旧画笔，却画出了好多漂亮的画。这才是最重要的。卡尔，你要相信爸爸是爱你的。我如果只满足孩子你的物质欲求，这样的爱是不明智的。"

"我懂了，爸爸。"我红着脸说。

"唉，史德烈家真是令人担忧。他们浪费了太多的钱财，消耗了过多的物质，这无疑是一种犯罪。因为这不仅仅是在浪费自家的金钱，也是在浪费人类共有的资源。这种行为一定会受到上帝的惩罚。"

父亲的话果然在几年后得到了应验。史德烈家由于挥霍无度而债台高筑，只得宣布破产。他家曾经买得起各种奢侈用品，到最后却供不起史德烈上大学的费用。

而我的父亲虽然只是个乡村牧师，收入微薄，但由于全家人奉行的节俭之风，却能过上丰衣足食的生活，我也受到了充分完全的教育。

这二者的比较确实是发人深省的。

我以为，儿童因为没有承受过生活的压力，不知道劳动的艰辛，要做到节俭很不容易。这不仅需要父亲教会他们从小养成节俭的习惯，更重要的是让他们懂得一切东西都是来之不易的。

有一次，我到一位朋友家作客。晚餐时，厨师特地为朋友的女儿做了一份酸奶油拌煎蘑菇。

小姑娘明显是在溺爱娇宠中长大的，她不喜欢菜的味道，于是发起脾气来，任性地把整盘蘑菇都倒在地下。

我看见朋友竟然对这种行为也不斥责。忍不住开口说："哎，好好一盘蘑菇一点也不吃就倒掉，你不觉得可惜吗？"

"有什么可惜的？"小姑娘理直气壮地说，"森林里到处都是，明天再叫佣人去采些来重新做一盘好啦。"

"可是，你知道吗，佣人去采蘑菇有多辛苦。你这样做是不尊重别人的劳动。"

"哼，少骗人啦。我才不相信采蘑菇会有多辛苦，我觉得顶好玩的就是这件事呢。"

"是吗？那么，这一个星期采蘑菇的劳动都由我们两个包了，你敢不敢答应？"

"干嘛不敢！我正想到森林里去玩呢，有您陪着，爸爸准会同意。"

于是，我和小姑娘每天走上五里路去森林采回一篮子蘑菇。开始的一两天，小姑娘还觉得顶好玩，第三天她开始叫苦叫累，到了第四天就完全受不住了，说自己腰酸背痛怎么也不肯再去。

不过，在这几天里她把蘑菇吃得一干二净，无论味道好坏，一片也不肯浪费。偶尔她父亲要扔掉一片，她总是嚷起来：

"你知不知道我采这些蘑菇有多辛苦，干嘛要扔掉?你要不爱吃，拿来，我自己吃好了。"

从此以后，她再也不任意浪费食物，因为她已经亲身体会到了一切东西都是得来不易的，明白了节俭是对劳动的最大尊重。

让他自己做

在我的教育中，父亲特别注重的还有培养我从小养成勤恳的习惯。他一贯认为勤恳是幸福的源泉，而懒惰是万恶之本。他认为：**一个孩子的精力若不用到有益的方向，就会成为破坏的力量；而只要养成了勤恳的习惯，恶魔便无机可乘了。**

父亲在育儿日记里记叙了他是怎样做的：

"卡尔已经满两岁了。今天我把他妈妈和柯蒂她们召集到一起，宣布只要是卡尔自己能做的事情，请一定不要帮他做。

柯蒂惊叫起来：'您疯了吗?他还这么小，能做什么事?万一伤着了怎么办?'

"唉，别人总是难以理解我。我只得向他们解释如果什么事都帮卡尔做，就等于是剥夺了他自己动手的机会，并且还会使他养成对自己的行为不负责任和万事都依赖别人的坏毛病。

罗罗嗦嗦说了一大通，也不知他们到底听懂没有。

不过今天卡尔的表现顶有意思，一下子就说服了他们，比我说什么都有效。

我看见卡尔在客厅里蹒跚地走动着，东摸摸，西看看，仿佛对一切都有浓厚的兴趣。忽然，他手里的点心掉在了地上。他没有理会，自顾自地往前走。

我意识到这是个教育的好机会，于是用手指着垃圾筒，示意他把点心放到那儿去。卡尔好像没弄懂我的意思，好奇地看着我。我明确地说：'卡尔，把掉到地上的东西捡起来放到垃圾筒里去。"

他还是一动不动，不按我说的去做。这时他妈妈插话说：

'算了，他还不懂事，干嘛非让他去做。'

'我来吧。'

柯蒂赶忙走了过来，想去拾起那块点心。

我用手臂挡住了她：'柯蒂，不要动，让他自己来！'

卡尔望了我一眼，向前挪了挪身子，似乎想试一试忽视我的要求我会怎么办，并想立刻离开。

'卡尔，'我立刻走了过去，蹲在他身边，'这是你掉在地上的点心，应该自己拾起来，对吗？好孩子应该做自己该做的事！

望着我坚定的眼神，卡尔终于妥协了，慢慢蹲下去，捡起那块点心扔进了垃圾筒。"

就这样，我在3岁的时候，已经能够帮助母亲做一些简单的家务，如擦去地上的灰尘，帮忙把餐具摆好等等。

当然，由于人有好逸恶劳的天性，事情并不是一帆风顺的。在孩子慢慢学会做许多事情后，家务事会被他们认为既没新鲜感又枯躁乏味的事情，因此视之为负担。一旦孩子没有了做事的主动性，父母便不能再用直接命令的方式。

以我自己为例，两三岁时做家务事的热情最高，到了六七岁，反而没有了那种热情，有时甚至还会偷懒，故意不做父亲安排的事。每逢这时候，父亲总是耐心地给我讲明道理，有时还用讲故事的方式使我认识到做家务事的重要性。

我记得有一天房间里乱糟糟的，父亲临出门时吩咐我把房间收拾整齐。我当时正闲着，东玩西玩的就是不想干活。结果父亲回家里看到房间还是乱糟糟的，而我正躺在床上看童话书。

"卡尔，我不是告诉你要把房间收拾好，并洗干净你的袜子和手绢吗？"

"知道，等一会儿就收拾。"我嘴里光答应着，但根本不动弹。

父亲紧迫不放："还要等一会儿？我下午就给你说了，你答应得好好的，可现在天都要黑了，你还什么也没做。"

"哎呀！"我不耐烦地说，"你没看见我正在读书吗?现在没时间，等会儿我叫柯蒂帮我收拾好啦。"

"不行，你自己的事怎么能让别人帮你做呢?"

听见我说要让仆人帮着做事，父亲有些生气了，但他仍然竭力控制自己不要发怒。

"卡尔，这样吧，反正你也不想干活，我们干脆来讲故事，好不好?"

"好啊，好啊。"

一听说父亲要讲故事，我马上就从床上跳了起来。

"在很久以前，有一位父亲非常爱她的两个儿子，从来不让他们做任何事，老担心他们会累着。"

父亲刚开始讲，我立刻快嘴快舌地打断他："你看，别人的爸爸多疼爱孩子，只有你，总是让我干活。"

"别打岔，先听我说完。两个儿子中，哥哥顶乐意接受父亲的关照，于是什么事都不做，成天躺在床上睡大觉，长得白白胖胖的。而弟弟呢，却不愿意成天就那么呆着，他是个知道心疼爸爸的好孩子，总是抢着帮爸爸做家务事。慢慢的，他学会了很多东西，会做饭、洗衣服、种地、挤牛奶，还会自己做一些有用的工具。

后来，爸爸去世了。由于两个孩子都已经长大成人，兄弟俩就分开过活，弟弟每天在外面辛勤地劳动，挣了好多钱，还娶了妻子，幸幸福福地生活着。而哥哥呢，仍然和小时候一样，成天在家里睡大觉。"

有一天，弟弟有事去找哥哥，发现他仍然住在以前的旧房子里。房子因为失修变得破破烂烂的，而且老远就闻到一股臭气。当弟弟推开门的时候，你猜他看见了什么?"

"我知道，一定是那个哥哥已经死在床上了。"

父亲话音未落我便抢着回答。

"对呀，你是怎么猜出来的?"

"因为那个哥哥太懒了，成天在家睡大觉，不知道干活养活自己，只好被饿死了。"

"那么，你是想像弟弟那样，还是像哥哥那样被饿死呢?"

"我才不会饿死呢!我是勤劳的小蜜蜂。"

说着,我就开始收拾房间。

"咦,干嘛要干活呢?躺着多舒服哪。"父亲开玩笑说。

"爸爸,你别以为我有那么傻。这些道理我都知道,你以前说过的话我也记得顶清楚:**勤劳是一个人最好的品德。**"

教会孩子面对荣誉

在一般人心目中,做一个神童是顶出风头的,如众星拱月一般,一帆风顺地度过人生。其实,这些都是误解。我自己就曾经被视为神童,我知道神童的生活并不容易,要面对来自各方面的质疑与非议,当然这些并不可怕,可怕的是成天都淹没在赞美与颂扬的海洋中。

面对神童,人们往往会失去平常心,总是过度地表扬,过度地夸奖,从来也不考虑孩子是否能承受。而孩子毕竟只是孩子,不可能理智地看待这些言过其实的赞誉,容易产生骄傲自满、狂妄自大的情绪,从而丧失继续努力的动力,只满足于眼前的一点成绩。这些,是足以毁掉任何一个早慧儿童的利器。

有不少神童都是被骄傲毁掉的,我就知道这么一个。

父亲朋友的孩子莱恩一出生就是个聪明绝顶、灵气逼人的孩子,两岁时便在音乐上表现出了超人的天赋,无论什么曲子只要听一遍就能学会,到五岁时,他不仅钢琴和小提琴演奏得极为出色,还会写作乐曲,刚七岁便举办了个人音乐会。

人们都说他是一个音乐神童,是个伟大的天才,把他与莫扎特相提并论,说他的将来一定极为辉煌。

在这种情况下,莱恩的父母也失去了理智,把儿子当成一个宝贝,生活的全部中心都转到了他的身上。像其他人一样,他们也毫不吝啬地把赞美倾倒给儿子,甚至当着众人的面,说莱恩的音乐水平已经远远地超过了他的老师,说他注定会成为像巴赫那样的音乐大师。

可想而知这些过分的夸奖会给莱恩的心理造成多大的影响,他开始狂妄地以天才自居,说什么"两百年出一个贝多芬,五百年才出一个莱恩"之类的大话,对待别人也傲慢无礼,因为这正是他认为的"天才的风范"。

莱恩的老师对他这种状态很担心,不停地告诫他不要骄傲,因为他在音乐表现上存在着很多不足,与音乐大师的差距还非常远。

莱恩终于被激怒了,一个天才怎么能这样被教训呢?有一天他很没礼貌地反驳老师说:

"您真罗嗦!您所说的那些音乐内涵我早就明白了。我的表现力也全无问题,否则怎么会有那么多人来请我举办个人音乐会呢?

老师耐心地说:"但我明明发现你有这些问题呀!如果不在学习时期将这些问题解决掉,以后是很难有什么成就的。"

"那些根本不算什么问题。我是故意要那样处理的,那就是我对乐曲的理解。您可能看不惯,这很正常,平庸的人总爱默守陈规,只有天才人物才敢于突破。"

即使莱恩这样无礼,老师也不愿放弃这个有潜质的孩子。为了让他能明白一些音乐表现方面的东西,老师开始给他做示范。碰巧老师在演奏的过程中犯了一个小小的错误,这样就被莱恩抓了个正着。

"哈,您自己都弹错了,我亲爱的老师。就您这样的水平还能够教我吗?"莱恩立即用傲慢的语气嘲笑起来。

老师气愤极了。虽然他认为莱恩是个很有才华的孩子,但还是马上辞去了这份工作。后来,我曾听到这位老师和父亲谈起莱恩的事。他告诉父亲,就在他决定离开莱恩的那一刻,突然感觉到以往的判断是错误的,莱恩不可能像以往认为的那样会成为伟大的音乐家。事实证明,这位老师说对了。

听说自从老师走后,莱恩拒绝父母再给他请老师,说那些老师都是不中用的人,根本不配来教他这样一位百年难遇的天才。

结果是可想而知的。不久前,人家告诉我莱恩已经变成一个酒鬼,过量的酒精摧毁了他的听力和灵巧的手指,现在他已经连最基本的音

阶也弹不好，更不用说演奏出美妙的乐曲。可他仍然愤世嫉俗，说人们不理解他，天才是注定会被扼杀掉的。

我知道有很多伟大的艺术家在生前或未成名之前极难为人所理解。可是莱恩决不是这种情况。他一生从未写出过什么高超的作品，甚至连平庸的作品也没有。他的音乐才能早就被他的傲慢自大给消耗尽了。

莱恩悲哀地成了反面的榜样。从他的身上，我看到了骄傲自大会带来多大的危害，会怎样毁掉英才和天才，世界上再也没有比这更可怕的了。所以，神童的生活其实是最危险的，因为他们最容易因众口一辞的夸赞而自满。

比莱恩幸运的是，我有一位明智的父亲，他时刻注意着这种危险，千方百计地使我绕开它，他从小就把我教育成一个应懂得谦逊，不能虚荣、不能骄傲的人。我能以一种健康的心态成长，必须感谢父亲的教育。

父亲总是不厌其烦地告诫我："无论怎样聪明，怎样通晓事理，怎样有知识的人，与无所不知、无所不能的上帝相比，只不过是九牛一毛，沧海之一粟。只有粟粒大的一点知识就骄傲的人，实际上是很可怜的。奉承话大抵八成是假。说来可笑，这八成是假话的奉承竟是世之常习。因此，谁要不折不扣地相信这种奉承话，那他就是糊涂虫。"

所以我极少能从父亲那里听到表扬的话，即使学习取得非常好的成绩，父亲也只会说"啊，不错"之类的。当我做了善行时，父亲的表达可能会进一步，他会对我说："好，做得好，上帝一定会高兴的。"仅此而已，不会再有更多的表扬。

只有当我做了特别大的好事时，父亲才会抱着我亲吻，但这是极少有的。在我的记忆中，父亲的亲吻是非常可贵的，为了博取它，我必须投入超乎一般的努力。

父亲不仅自己不怎么表扬我，同时也决不让别人过多地对我加以表扬。我记得每当人夸奖我时，父亲就赶忙把我支出屋子不让我听。对那些不听忠告仍一味夸赞我的亲被人视为不通人情的老顽固，有的人甚至因此而对他十分不满，但为了杜绝自满的情绪，他对别人的议论充耳不闻，仍然坚持自己一贯的做法。因为他很清楚，小孩子一旦自满起来以后是很难纠正的。

然而，父亲尽管做出了如此多的努力，骄傲这个魔鬼仍然不易驱除，特别是在我六七岁取得一点成绩后，人们的赞赏像潮水一样向我涌来，像鲜花一样包围着我，人们把我捧上了天，慷慨地吹嘘我是什么"前所未有的天才"。"难得一见的神童"。当时我只是个心智尚未发育完全的孩子，听到这些赞美还以为自己真有那么厉害，不禁有些沾沾自喜起来。

父亲及时察觉了这种思想苗头，语重心长地教育我："卡尔，你知道人们为什么这样赞赏你吗？"

"嗯，因为我比别的孩子有学问。"

"是这样的，但那又算得了什么呢？知识能博得人们的赞赏，善行只能得到上帝的赞誉。世上没有学问的人是很多的，由于他们自己没知识，所以一见到有知识的人就格外赞赏。然而人们的赞赏是反复无常的，既容易得到也容易失去。而上帝的赞赏是由于积累了善行才得到的，来之不易，因而是永恒的。所以切记不要把人们的赞扬放在心上。**喜欢听人表扬的人必须得忍受别人的中伤。仅仅因为别人的评价而或喜或忧的人是最蠢的。被人中伤而悲观的人固然愚蠢，稍受表扬就忘乎所以的人更是愚蠢的。**"

从那时起，父亲开始经常向我讲述莱恩的事，以使我知道骄傲自满会带来怎样的恶果。为了培养我谦逊的品德，父亲常带我去拜访一些富有智慧的学者，让我受到他们那虚怀若谷的美德的熏陶。给我印象最深的是格拉彼茨牧师每次见到我都要说的箴言："记住，懂得谦逊是上帝的智慧，年轻人。"

父亲还经常给我讲人类的大智者的学问成就以及言行风范，比如苏格拉底、柏拉图、亚里士多德、牛顿、达芬奇、米开朗基罗、哥白尼、但丁、歌德、贝多芬、莎士比亚等等。面对他们的伟大，我的那点学问和成就简直就是微不足道。从此，谦逊占据了我的心灵，再也容不下丝毫的傲慢与自大。

脑盒子理论

一个孩子的成长过程是十分曲折的，由于人格还未定型，其变化是很大的，既会受到好的教育的教化，也容易被坏的东西影响，出现这样那样的毛病，甚至还会养成一些不良的品行。

我的成长也不例外的出现过这些问题。对于任何在我身上冒头的不良品行，父亲决不姑息，总是及时给予教育，引导我向好的方面转化。

父亲常说："人的心就像一个盒子，容积是有限的，如果被坏的德行所占据，就不再有空间给好的德行。所以，一旦有了坏的德行，必须马上赶跑它，否则它便会长驻下来，永远也不走了。"

父亲的看法很有道理。就拿盗窃犯来说，他们中的许多人都是由小时候的一次不经意的行为开始偷盗生涯的，由于他们的这一次行为被家长忽视或轻易放过，致使他们的灵魂最终堕入了罪恶的地狱。在这方面我有着切身的体会。

这是我5岁那年发生的事。镇上的雷尼先生开了一爿水果店，他顶喜欢我，遇上他心情非常好的时候我会得到他作为礼物送给我的一个水果。当然这种时候并不多，但已足以让我开心了，所以每次跟大人上街总要去那里转悠一下，希望上帝恰好在今天赐给雷尼先生好心情。

有一次我跟着妈妈上街买东西，她在水果店买了些醋栗。那天运气顶不好，雷尼先生刚和他老婆吵完架，正生气呢，拉长着脸一点笑容也没有，甚至没跟我说一句话。偏偏那天店里有卖又红又圆的大苹果，看上去可爱极了，还带着早晨的露珠。我觉得它们简直太诱人了，就拿起最红最大的那个来闻，苹果特有的香甜气味顿时沁人心脾，我再也舍不得放下它。

回到家以后，妈妈才发现我手中的苹果。当她意识到我是趁别人不注意时拿了苹果时，不禁大吃一惊，因为她从来没想到我这样的乖孩子会做出这样的事来。

她立刻把这件事告诉了父亲，她焦虑地说："这可怎么好？卡尔一向很乖的，怎么会染上偷东西的恶习呢？"

父亲听说也十分吃惊，但仍然保持了理智，他冷静地分析："你先别急，问题还没那么严重。我认为卡尔这样做并非是真正的偷盗，因为他年龄太小，还不可能知道这种行为的恶劣。

不过这件事还是很危险，太危险了，如果现在我们不让他懂得这个罪恶有多可怕，任其发展下去，后果就不堪设想了。"

接着，父亲把我单独叫到书房，关上门作了一次长谈。他首先询问我苹果是怎么来的。

"在雷尼先生的店里拿的。"

"那么你为什么要拿呢？"

我老老实实地说："我觉得这只苹果又红又大真可爱，闻起来也香喷喷的，我想一定很好吃，所以就把它拿回来了。"

父亲把我抱在膝头上坐着，耐心地问："喔，这个苹果确实很可爱，连爸爸也想吃它呢。不过，卡尔，今天你从水果店里拿苹果的时候付钱给雷尼先生了吗？"

"付钱？没有，我没有付钱。"

"你经常跟着妈妈和柯蒂出去买东西，妈妈和柯蒂买每样东西都付钱给别人的，你没看到吗？"

"看到的，今天妈妈买醋栗也付钱给雷尼先生了。"

"对呀，要买东西就要付钱，你知道为什么要这样呢？"

我摇了摇头，不知道该怎样回答，因为我只觉得那是天经地义的事，还从没想过为什么要那样做。

"因为东西是属于别人的，而别人要靠卖掉东西换回钱来养给自己，孩子和家里的人。如果拿了东西不付钱别人就会饿死，懂吗？"

"这我懂。"

"那么，你知不知道你的行为叫什么？"

"不知道。"

"爸爸告诉你，拿了别人的东西后要付钱，这叫买；如果不付钱，就叫做偷。买东西是正常的事，而偷东西就是邪恶的事了。十诫里不是有一条"不可偷盗"吗？这种行为会受到上帝的惩罚。"

我感到很委屈，叫起来："可是我不是偷东西。水果店里有那么多水果，拿一个有什么关系呢？而且雷尼先生从来不要我付钱，他总是把水果送给我。"

父亲耐心地开导我："水果店里确实有很多水果，可那些都是用来卖的，是雷克先生一家生活的来源。如果大家都像你一样不付钱就拿走它们，雷尼先生靠什么生活呢？所以，不付钱就拿别人的东西是极为错误的行为。至于雷尼先生送你水果，是因为他喜欢你，好意送你礼物，你可以接受。但是，这并不表示你可以随便拿。明白了吗？"

我终于明白了自己的错误，立刻去把苹果还给雷尼先生，并向他道了歉。父亲为了进一步加深我的印象，又给我讲了一个故事。

有一个小男孩从小就养成了偷东西的恶习。一天，他趁邻居不注意时偷了邻居家的一个鸡蛋，他母亲不但不责怪他。反而表扬他真能干。这样一来，小男孩不仅只偷小东西了，他慢慢地变成了见什么偷什么，而且每次偷了东西回家都会得到母亲的夸奖。小男孩长大后成了一个无恶不作的强盗，被判了死刑。上绞架前，他要求和母亲说句话。当母亲把耳朵凑到他嘴边时，他狠狠地咬下她的耳垂。

母亲大哭起来："我对你那么好，你为什么这样对我？"

强盗说："如果在我第一次偷东西的时候你就教训我，我也不会落到今天这个下场。"

我听完这个故事后，感到惭愧极了，诚诚恳恳地对父亲说："谢谢你，爸爸，要不是你及时让我懂得了这个道理，我说不定也会养成偷盗的恶习，最后变得像那个强盗一样。我以后再也不敢做那种事了。"

就这样，父亲把我的不良品行一一赶走，使好的品行能发育壮大。我能成为今天这样一个有良知、有德行的人，全赖父亲精心细致的教育。

第六章

Chapter 6 **铸就孩子最好的学习动力**

　　据我了解，几乎所有的伟人和那些取得辉煌人生的人们都在童年时期就懂得了什么是成就感，什么是自豪感。一个孩子之所以能够坚持不懈地做一件事，之所以能够在蒙昧之中渐渐走向成熟，完全都是成就感给他们的力量。不难想像，假如一个小孩子拼命地用功读书都丝毫没有感到自己的进步，也没有感到这种进步带给他的荣誉和自豪，那么他根本就没有坚持下去的勇气，也没有下决心完成一件事的动力。

父亲教我从小就懂得什么是成就感

　　我曾看过历史上许多伟人的传记，发现他们都有不寻常的童年。我所说的不寻常并非是指物质生活的优越或有什么稀奇古怪的经历。我说的这种不寻常是指他们在童年时代做到了其它同龄孩子所不能做到的事。

　　牛顿在三岁时就喜爱上了研究身边的事物，他特别感兴趣的就是那些物体的运动方式。瓦特在小时候发现了蒸气所产生的能量，使他最终发明了蒸汽机。但丁在四五岁时就写下了他的第一首诗歌，并引起了人们广泛的注意。柏拉图在四岁时就开始思考人生的本质，他的问题常使那些自视博学的成年人根本无法解答。莫扎特六岁就举行了个人音乐会，巴赫四岁就开始作曲。

　　我在此例举这些伟人童年时的与众不同之处，并不是想说明他们是上帝创造的天才，只是简单地阐述一下另外一个问题。即伟人们之所以能够成为伟人，这与他们在童年时就已经产生的成就感息息相关。

我们都知道，成功虽然很难，但更难的是迈向成功的第一步。世界上有许多碌碌无为地虚度一生的人，他们之所以毫无所为在很大程度上是因为他们始终没有迈出通向成功的第一步。

也许有人不赞同我的这种说法，认为有许多人都曾经迈出过第一步，但仍然没有成功。于是，又有人把成功、成就等都归结于天赋，归结于上帝的意愿。他们认为有些人之所以能取得成就完全是上帝的恩宠，也有人把这一切都归结于命运。

我认为，人的命运是个很复杂的问题，不在我此时讨论的范围之内。何况，对于孩子的教育，我们不应该完全用命运去看待。我们能够给孩子的恰恰是要教会他们如何去面对命运，而不是以命运为借口忽视对他们的教育，更不能让孩子把自己的一切都系在命运身上，并以此来逃避生活以及命运。

据我了解，几乎所有的伟人和那些取得辉煌人生的人们都在童年时期就懂得了什么是成就感，什么是自豪感。或许有人会忽略它，认为小孩子不会有什么成就感。也有人会认为，小孩子都是在不懂事和昏昏噩噩中度时，不可能考虑自豪、光荣这些事，也根本不会对成就这些只有成年人才会重视的事感兴趣。其实，这种想法是完全错误的。

恰恰相反，一个孩子之所以能够坚持不懈地做一件事，之所以能够在蒙昧之中渐渐走向成熟，完全都是成就感给他们的力量。不难想像，假如一个小孩子拼命地用功读书都丝毫没有感到自己的进步，也没有感到这种进步带给他的荣誉和自豪，那么他根本就没有坚持下去的勇气，也没有下决心完成一件事的动力。

莫扎特站在舞台上演奏时，在他听到观众的掌声时，他一定会有一种成就感。但丁的第一首诗得到了别人的肯定时，他也会有成就感。柏拉图的问题使成年人也感到为难时，他或许也有一种成就感。正是这些成就感，正是这些或许成年人毫不在意的成就感，使他们为自己找到了继续努力下去的信心，使他们有勇气去面对将来可能出现的一切困难，也使他们最终成为了令世界震惊的伟人。

假如莫扎特第一次演奏时发现自己的音乐根本不能引起别人的注意，假如但丁的第一首诗就遭到别人的嘲笑，假如柏拉图的提问常常遭到他人的讥讽，我想，如果真是这样的话，我们的世界完全有可能永远也不会出现伟大的莫扎特、伟大的但丁、伟大的柏拉图。

在我们的世界上的确有许多曾经勇敢迈出第一步的人，但许多人都被他人的漠视所扼杀掉了。这种漠视足以使任何一个本来有才华的人丧失前进的勇气。

从某种意义上讲，我是一个幸运的人。如果真有命运，真有上帝在安排的话，那么我的父亲就是上帝教育我的天使。

父亲是个很有智慧的人，他似乎天生就了解小孩子的心理，他完全明白让年幼的我懂得什么是成就感是何等的重要。

为了让我从小就懂得什么是成就感，每当我有哪怕一丝的进步时，父亲就会不失时机地对这种进步给予肯定。对于我的良好表现，父亲总会毫不吝惜地表扬一番。

有人会说，太多的表扬会让孩子产生骄傲自满的不良心态，会使孩子走上狂妄自大的道路。其实，这种说法毫无根据。恰恰相反，表扬不但不会让孩子变得骄傲，反而会使他们更谦虚。因为表扬意味着对孩子是有所进步的。这种肯定只会使孩子更加谨慎地保持这种进步。

更重要的是，在肯定和表扬之下，小孩子常常会产生成就感，他会下决心为取得更大的成就作出努力。

可以这样说，我的成长就是从一个成就感迈向另一个更高成就感的过程。换句话说，就是从一个进步迈向更大进步的过程。

在我刚刚学会加减法时，父亲专门为我举办了一个小小的庆祝宴会。他和母亲为这个宴会作了精心的安排，并亲自下厨为我做了我最爱吃的菜。

那天晚上，父亲请来了他最要好的朋友，并让女佣也加入到我们之中。

虽然是一个平常的日子，但我们家就像过圣诞节一样热闹。当人们都就坐准备用餐时，父亲郑重地宣告："女士们，先生们，今天我

要告诉大家一个好消息，我们的小卡尔已经完全学会了加减法。"

父亲话音未落，餐厅里顿时响起了热烈的掌声。

这时，父亲的好朋友莱斯特先生站了起来，建议大家为我干一杯。

"卡尔，祝贺你取得了这样的成绩，你年龄还这么小，这可真不容易呀！"莱斯特先生向我祝贺后又出了几道题想考考我，但全都让我迅速而正确地给予了回答。

之后，在坐的每一个人都出了题，我都正确地给出了答案。于是，房间中又一次充满了赞叹之声。

那天晚上，大家都玩得很高兴。但最高兴的人还是我自己，因为我在这天晚上感到了令我自豪的成就感。

可以这样说，正是这种成就感促使我在后来又学会了乘法、除法，最后又学会了代数和几何。

最应该给予孩子的帮助

我想，任何人都有需要别人帮助的时候。无论你是怎样的人，无论你从事的是什么职业，你总有许多事情需要在别人的帮助下才能完成。即便是无所不能的超人，也并非任何时候都能仅靠自己的力量去完成一切的事。何况，在我们世界中，这种无所不能的超人根本不存在。

孩子是弱小的，有时也是无能的，他们更需要成年人的帮助。但这并不是以成年人的力量去包办他们一切的借口。

卡罗莱尼是汉堡莱茵大学的教授，也是知名的考古学家。就他自己而言，算得上是一个优秀的学者。

这个聪明而富有学识的意大利人在学术上享有极高的声誉，近几年已渐渐成为了考古学方面的权威人士。他有三个孩子，两个女儿和一个只六岁的小儿子。

去年我曾在汉堡见到过卡罗莱尼。由于我曾被人称为"神童"，他一见面就开始向我了解我幼年时期的教育情况。

或许是卡罗莱尼也正在教育孩子的缘故吧，他对幼儿的教育表现出极大的关心和兴趣。

他告诉我，他非常赞同我父亲的教育方法，并表示出有机会专门去向我父亲请教的愿望。他说如果自己的孩子也能成为我这样的"天才"，将是他最大的快乐。

当我们说到孩子成长方面的问题时，他说他完全同意我的观点（也是我父亲的观点）。即父母应该尽全力地帮助孩子，帮助他们战胜成长中的一切困难，使他们有机会获得辉煌的人生。

然而，从卡罗莱尼的讲述中，我得知他根本没有理解帮助孩子的真正含义，也误解了我父亲的某些教育观念。

卡罗莱尼的两个女儿都已快要进学校学习了，但她们的成绩以及其它方面的问题令他非常担心。虽然他没有向我讲述他两个女儿的具体情况，但我可以从他的表情和言谈上得知这两个女儿的教育并不是那么令人感到振奋。

用卡罗莱尼的话来说，他现在已经把希望完全寄托在小儿子身上。他说以前由于自己忙于工作而未能充分而有效地教育两个女儿，使她们在最需要帮助的时候忽略了她们。可现在，他决心尽自己的一切能耐帮助小儿子，希望能使他成为一个优秀的人。

当我问起卡罗莱尼是怎样教育儿子，是如何帮助儿子的时候，卡罗莱尼似乎对此一无所知。

他的回答更是让我感到吃惊。

当时，卡罗莱尼有些得意地说："现在可好了，我不但有时间亲自教育儿子，还可以腾出时间来帮儿子做一些琐碎的事，使他能够全心地投入到学习之中。"

我不解地问："卡罗莱尼先生，您的儿子只有六岁，会有什么琐碎的事？你帮他做了些什么呢？"

卡罗莱尼说："威特先生，你的儿子还太小，这使你没有机会领略到带孩子有多么的麻烦，等你的孩子长得稍大一点之后你自然会明白的。"

我说:"我完全相信你的话,可我还是不明白你的儿子会有什么事可以影响到他的学习。"

卡罗莱尼说:"六岁大的孩子已经有做力所能及之事的能力,他有时会到厨房去帮女佣洗土豆,也会帮我为花园里的花草浇水。虽然做这些事在某一方面来说对他有好处,可是这并不是最重要的。所以,我尽力不让他干这些。我要他把宝贵的时间都花在学习功课上,我认为只有这样才能把他培养成一个天才。"

卡罗莱尼的话让我感到极为生气,我认为根本没有必要与他谈教育方面的事。出于礼貌,当时我并没有立刻顿足而去,只是把话题转到了别的方面。

后来我了解到,卡罗莱尼的儿子并不是他想像的那种天才,不仅功课极其平常,还缺乏起码的自理能力。他既不会自己穿衣,也不会自己系鞋带,只会成天死气沉沉地坐在书桌前读书。然而,仅管他的大部分时间都花在了书本上,仍然没有任何显示他是个天才的迹象。

在我的童年时代,我父亲也给予了我多方面的帮助,但那是另外一种帮助,是与卡罗莱尼全然两样的帮助。我不仅没有在这种帮助下蒙受任何损失,反而受益非浅。

在这里,我所指的这种帮助并不是单指生活方面的,而包括了有关我成长的全部。

小时候,父亲从来不帮我做我力所能及的事,但他的每一次帮助都来得那么及时,他每一次帮助都使我获得了无穷的力量。

这种帮助是什么呢?

这种帮助就是在我遇到困难、感到失意的时候给予我的鼓励和支持。

人们都以为我是个天生的"神童",认为我无论学什么都很轻松、顺利。但真实的情况并非如此。我也和其他的孩子一样,在成长的过程中既有快乐也有苦恼。我也曾在学习面前感到过自己的无能,也曾在功课面前失去过信心。

然而幸运的是,每当我失去信心和对做某些事缺乏勇气时,总会得到父亲对我的鼓励。每当此时,父亲对我说得最多的一句话就是："卡尔，你一定能行的，爸爸相信你。你是最优秀的孩子，你完全有能力解决这些问题。"

我想，当一个人陷于逆境之时，给予他物质上的帮助远远不如给予他精神上的安慰。物质的帮助是有限而短暂的，帮助一个人恢复信心却是长远而更有意义的事。

对于孩子来说，鼓励不仅能让他恢复信心，找回勇气，更能使他形成一种健康的人生观。在他长大成人之后，这种健康的人生观，一种坚信自己能够独立战胜困难的信念，将会为他的人生建立起通向成功的桥梁。

严厉的宽容

常常有人问我："威特先生，在你小时候，你父亲是怎样教育你的？有没有什么秘诀。"

每当此时，我总会对他们说："当然有秘诀啦！这个秘诀就是宽容。"

人们往往对我的这种回答不满意，甚至有人以为我是在故弄玄虚。

我可以向上帝发誓，我没有任何想隐瞒什么的意思，我说的完全是实话。

也许有人会怀疑："难道仅仅凭宽容就能将你这样一个本来弱智的孩子培养成一个天才吗？"

当然，这样的怀疑完全可以理解。

如果说到父亲对我的具体教育，恐怕不是一两天也不是两句话能够说清楚的事。然而，对于我在成长中所犯下的任何过错，父亲始终是抱着宽容的态度。这是不可否认的事实。

现在有许多人知道我是一个从弱智儿变成所谓天才的人。试想想，如果没有宽容之心，我的父亲怎么可能对一个弱智儿子费那么大的心血呢？

父亲曾在日记中这样写道:"我曾无数次看见那些过于严劣的父母毫无节制地责怪自己的孩子。他们用粗暴无礼的方式对待聪明可爱的孩子,这真是一种罪过。我的儿子由于先天的不足使他看起来是个弱智儿,但我仍然以极大的耐心去教育他,这其中的辛酸又有谁知道。我曾无数次虔诚地祈求上帝让我的卡尔变得聪明起来,我也为此付出了巨大的努力。无论将来怎样,我现在能做的就是以我的宽容之心尽最大的努力去培养他,尽力使他能够拥有幸福的人生。"

事实上,父亲对我一直是很宽容的,也正是这种宽容使我一次又一次地战胜了成长中的一切困难。

当然,另一方面,父亲对我的教育又是严格的。他曾对友人说:过分的严格会抑制孩子的自由发展,过分的宽容又会造成他们的散漫。这两种倾向都是教育孩子应该避免的态度,真正有效而合理的态度是应该严格的就一定要严格,应该宽容的就一定要宽容。但是,父母的宽容之心必须永远放在最首要的位置上。

可见,父亲对我的宽容是严格的宽容。

有一年圣诞节,大约是我七岁的时候,由于我的表兄和表妹来我家作客,使我高兴得忘记了平时的功课。

或许是由于我过于贪玩,没有按照正常的作息时间做功课,使我没有按照计划完成一篇作文。

顺便说一句,像不能按计划完成学习任务这样的事在我家是绝对不允许发生的事。当父亲得知我未完成作文之后,他立刻找到了我。

那一天我吓坏了,因为一见到父亲我就看见到他严肃而充满气愤的脸。

"卡尔,这是怎么回事?"父亲拿着那篇未完成的作文问道。

"我……。"

"为什么不回答我?"

我低下了头,因为我不知应该怎样回答。

"你知道你犯了什么错误吗?"

"知道,我没有完成作文。"

"可是，你为什么不把它写完呢？"

其时，我本来是可以完成的，但由于当天下午我陪表兄和表妹去参观本镇的教堂而耽误了。

但是，一向严格要求自己的我并没有以此为理由向父亲辩解。

我不知应该怎样回答父亲，便选择了沉默。

"你今天陪表兄和表妹去教堂了，对吗？"父亲问道。

"是的。"

"陪他们去参观教堂，这是应该的。可是无论如何也要先完成功课呀！"

……

"卡尔，我现在并不是在责怪你，而是想告诉你，一个人应该学会妥善地安排生活中的一切事情。否则你会忙得一塌糊涂。"

"爸爸，我错了。"

这时，父亲的语气柔和了许多："好啦，你也不必为此太难过。我刚才看了你写的文章，写得真不错。我想立刻看到后面的部分，可是你都没有写完，这把我急坏了。谁不想立刻享受阅读一篇好文章的乐趣呢？"

听父亲这样说，我的一切自责感和犯了错误的感觉顿时烟消云散。

我兴奋地看着父亲，不知该怎样表达心中的激动。

"现在，你知道应该怎么办了吧。"父亲笑着对我说道。

"知道了。"

我立刻跑到房间里以极快的速度完成了那篇作文。

其实，以我平时的写作水平和速度根本不可能那样快就完成作文，但是这一天我做到了。那篇文章写得既快又好，算得上那个时期最好的一篇作文。

为什么会这样呢？显然，这是父亲的态度对我产生了作用。我没有完成功课非但没有受到指责，反而得到了父亲的鼓励。在这样出乎意料的心情之中，我还能不努力地完成功课吗？

我想，这就是父亲的宽容给我带来的力量吧。

引导孩子正确认识自我价值

所谓人无完人。在童年时期，我在许多方面都表现出了超乎寻常的才华，然而，我也并非是面面俱到。

从身体方面来看，虽然我不是体弱多病的孩子，但也不是很强壮的孩子。

由于我的性格决定我要处处争先，这就使我因为自己的身体不够强壮而产生了自卑感。

有一天，我的几个好伙伴兴冲冲地找到了我。他们已经商量好要自己组织一次野外活动，要像真正的童子军那样在没有父母的照顾下独立完成野外"实战"训练。

对于一般的孩子来说，有这样的事，足以使他兴奋一整天。

可是，当我听到这一消息后并没有感到特别的高兴，反而觉得有些不自在。

为什么呢？因为在我的头脑中一直有这样的概念，即任何与体能有关的活动我都只是个陪衬者。

由于我生活在乡村，许多小伙伴都是农夫的孩子，他们由于经常帮父母干活而变得非常健壮。在这一方面，我时常自愧不如。

当然，对于这类活动我很愿意参加，更希望有突出的表现。但每一次的爬山、赛跑我都成绩平平，这使我产生了某些心理上的障碍。

伙伴们对我说他们的计划时，父亲正在一旁看书。当时他没有任何表示，只是在发现我并不那么兴奋之后才来到了我的身边。

"卡尔，怎么？你不想参加这个活动吗？"

"不是。"

"那么为什么一点儿也看不出你有高兴的表现呢？"

"没什么，只不过……"

"只不过什么？"

"只不过这样的活动并不是我的特长。"

"那么你的特长是什么呢？"

"我的特长是读书、写作、还有算术。"

"这个我当然知道。不过，我还想问问你，你读得最多的书是哪一方面的。"

"我读得最多的书当然是文学方面的，还有历史、地理等等。"

"那么，你现在再告诉我，你们的这一次活动的主要内容是什么。"

"是模仿真正的野外战斗。"

"你知道真正的野外战斗需要什么吗？"

"需要有强壮的身体。"

"对，这个是自然的。可是，仅有强壮的身体就能够在野外战斗中获胜吗？"

父亲的这个问题使我似乎悟到了什么，但我仍然没有具体的答案，便好奇地问：

"那么，还需要什么呢？"

"除了身体之外，还需要有组织能力，还需要天文、地理方面的知识，更需要能够指挥战斗的智慧。"

"这个……？"

"你读了那么多书，一定掌握了不少天文地理知识。我想你已经在历史书中获得许多有关战争的知识吧。如果你把这些知识用于你们这次的活动中，那么我想你一定会成为领导者。如果作出了贡献，你一定会成为这次野外战斗中的将军。"

"真的？！我能做到吗？"

"当然能做到。这就是你在这类活动中的特长。"

"可我的身体不够强壮呀？"

"虽然你的身体不像其他伙伴那么强壮，但也算是很健康的。这足以让你成为一名合格的将军。"

父亲的话使我完全打消了顾虑，我一下子就感到极为轻松，并兴致勃勃地开始为这次活动作准备。

事实上，在那次活动中我真的像父亲所说的那样成了一个指挥"战斗"的"将军"。

父亲的一句"你当然能做到"使我产生了自信心，也认识到了自己的价值。这也是他给我一生中带来的好处之一。

怎样让孩子自信地迎接挑战

在我的印象中，父亲是个非常善解人意的人。

无论对我，还是对我的母亲，或对其他所有相识或不相识的人，父亲总是以他的仁慈及宽容赢得他人的尊敬。

对于父亲来说，仁慈、宽容以及理解都是他毕生追求的美德。在我看来，这些美德，不应该仅仅是身为牧师的父亲才拥有，我们每一个人都应该以追求这些美德为荣。

在我的教育上，父亲的这些美德体现在他对我毫无保留的关爱以及不惜余力的支持。可以这样说，在这个世界上，最理解我的人是我的父亲，最能够帮助和支持我的也仍然是我的父亲。

在前面我已提到，每当我失意或对某些事没有信心的时候，父亲总能以他的爱心和智慧，使我从情绪的低谷中走出来。

这些年来，在父亲的精心培养下，我从一个"弱智"儿变成了人人羡慕和赞扬的"天才"。

在这个过程中，在大多数的时候我都能做到信心十足地面对生活中的一切。然而，在开始的时候，我并非总是这样。

由于我在八岁时就能自如地运用法语、英语、西班牙语、希腊语、拉丁语和意大利语与人交谈，这就使许多人产生了好奇心。也有许多人为此感到非常吃惊。于是，便有人要求父亲为我举办一个能够与众人自由交流的晚会。

他们的理由是：既然小卡尔·威特有这样惊人的本领。就应该向众人展示一下。另外，他们也想在这种交流中学到一些教育孩子的方法。

起初，父亲不愿这样做，因为他认为做这样的事与自我炫耀没有多大的区别。他也不愿意因此而让我产生骄傲自大的心理。

可是，在人们的极力劝说下，也在他们再三表示没有其它的想法而仅仅是为了来学习父亲教育经验的情况下，父亲终于同意了他们的建议。

那一天，家里来了很多人。由于我们的房子无法容纳这么多客人，人们都只能呆在院子里。

人们以各种不同的心情期待着我这个"神童"的出现。或许他们在猜测，猜测我这个远近闻名的"神童"到底有多"神"。

当人们在院子里等待并猜测我时，我也同样在猜测他们：这些人会欢迎我吗？他们会不会向我提出太难的问题？如果他们嘲笑我怎么办？

在这之前，我虽然用外国语多次与人谈过话，但那只是在私人场合，谈话的范围也极为有限。

可是，今天的情况完全不同。不仅人太多，而且这些人当中有许多懂外国语的人，还有几位专程从外地赶来的语言专家。

说实话，当时我不但紧张极了，而且对自己一点儿信心也没有。

或许父亲看出了我的紧张感，便走过来小声对我说："卡尔，怎么啦？是不是有些紧张？"

"是的，也不知为什么，我有点害怕。"

"害怕什么？那些人都是非常友好的。他们来只是想和你谈一谈。"

"可是，我的外国语可能并没有他们想像的那么好。他们会嘲笑我的。"

"他们为什么会嘲笑你呢？你的外国语水平是一流的，他们只会为此而称赞你。"

"不。现在想起来，我的法语还不太娴熟，拉丁语的发音也不完全地道，希腊语……希腊语的问题更多。"

"当然，你现在年纪还这么小，要做到十全十美还需要很长的时间。不过，据我所知，依你现在的水平，已经是很少见的了。"

"要是一般的人还好一点。可是他们之中还有几位语言学家呢？"

"这又有什么关系呢？既然是语言学家，他们一定更了解学习外国语的难度，他们更会对你的成绩表示赞许。"

无论父亲怎样向我解释，我仍然不能鼓起勇气走出去。

父亲想了一想后说："我想，你一定是对自己没有信心吧。"

"是的，面对那么多的人，我……"

见我这样，父亲便开始仔细地给我讲有关自信心的道理："我曾经对你说过，自信心并不是凭空产生的，自信心必须要通过锻炼才能获得。假如你每一次都以没有信心为借口逃避锻炼的机会，那么你永远也不会有自信心。你想想看，如果你勇敢地站在人群之中，并用各种流利的外国语与他们交谈，那么将会是多么自豪的事呀！我想，到那时，你一定会变得自信起来。"

"真的吗？"我将信将疑地问。

"当然是真的。"

"爸爸，你觉得我能够用外国语与他们交谈吗？我的水平真有那么好吗？"

"你完全有这个能力，对于这一点爸爸从未怀疑过，否则我也不会答应让你与众人见面的要求。最开始时，我之所以不愿让你出现在这种场合，原因并不是害怕你没有足够的外语水平，而是担心你在得到别人的称赞后会自以为是。"

听父亲这样说，我的自我感觉也开始变得好了许多。

事实上，那一天我不仅很流利地用六种外国语和人们交谈，还回答了他们提出的许多有关各国历史、人文的问题。并且在谈到哪一个国家时我便用哪一个国家的语言与他们说话。

那天之后，我"神童"的名声被人们传得更远，也说得更"神"。然而，这对于我来说并不重要，重要的是从那天起我拥有了在任何时候都不会失去的自信心。

第七章

父亲的八大教育法

> 每一个人在上帝面前都是平等的，他们的"不聪明""没有天赋"完全是不合理的教育造成的。这种不合理教育的直接结果就是他们在成长之中没有培养起有效的学习方法。

我的两大学习环境

父亲曾说："好的厨师必然要有一间好的厨房，否则，他不可能做出任何可口的饭菜；能工巧匠必须要有合用的工作场所，否则他不可能做出美的家具。同样，一个在接受教育的孩子必须要有一个良好的学习环境，否则，再怎么聪明的孩子也一定不会取得优异的成绩。"

当然，父亲所说的良好环境并不是指豪华的房间或精美的书桌，也不是指高级的学习用具，而是指有利于孩子接受知识的各种环境。

曾经有人问我："卡尔·威特，你小时候的学习环境一定很好吧。你父亲那么重视你的教育，一定给你准备了最好的学习用具吧。"也有人问："你父亲一定为你提供了一切吧。"

对于这样的问题，我总是这样回答："当然，父亲给我的学习环境是最好的，但不完全是学习用具。他为我提供的一切，已经远远超出了物质的范围。"

在我开始接受学校正规教育时，父亲就像我刚出生时为我布置睡房一样精心地给我布置出了一间书房。

书房不大，但它有一种魔力。

每当我打开书房的门时，便不由自主地产生一种学习知识的强烈欲望。书房对于我来说，就像一座探险家永远盼望着的又高又险的山峰，又像航海家梦想着的无穷无尽的大海。

我的书房里有一个很高很大的书架，几乎占据了房间的一面墙壁。上面放置着各种各样的书籍。

书架上的每一个部分都按不同的科目进行了分类。无论历史、地理还是文学方面的书，在我的书架上可以说是样样尽有。

父亲告诉我，那些书大部分都是他长期收藏的。不但这样，他也专门为我购置了适合我年龄的有意义的书籍。

在第一次看到那么多的书被整齐地摆在我的书架上时，我简直惊呆了。

我问父亲："这么多的书，我能够读完吗？"

父亲说："对于你来说，即使把世界上的书都弄来，也远远不够。你会喜欢它们的，总有一天，会发现它们太少太少了。"

虽然我已不记得当时我对父亲的话是怎样理解的，但我的头脑中一直有这样的印象，在我第一次看到那些书本时，我就喜欢上了它们。

现在想起来，父亲之所以那样做，并不是要求我一定要读完它们不可，而是想为我营造一种学习知识的气氛，也为我的人生之路立下了一个目标。

我现在仍然是一个喜欢读书的人。每当我看到书籍时，无论在家中还在图书馆，或是在朋友的家中，我都会不由自主地产生一股激动的感觉。只要是有价值的书，都会让我感到亲切。

看到我这样介绍我的书房，人们一定会说，"你的学习条件真好，你的父亲真重视对你的教育。"也有人会感叹，"这样好的学习环境，当然会使你成为学识很高的人。"然而，这些在我父亲的眼中还远远不够，甚至认为它并不是最重要的因素。

那么，最重要的是什么呢？

如果有人这样问我父亲或者我，我们都会毫不犹豫地回答："最重要的是大自然。"

是的，事实上，我真正的教室并不是我那间令人羡慕的书房，而是大自然。

我在前面已经提到过，父亲在大自然中教会了我许多自然、历史、文学、艺术等知识，这些在大自然中获得的知识从某一方面讲对我产生的影响更大、更广泛。

现在，我发现许多父母在教孩子学习知识时，总把他们关在房间里让他们没完没了地啃那些枯燥无味的书本，不但没有让孩子有效地掌握知识，反而使他们产生对学习的厌恶之感，这无疑是令人痛心的事。

从我的亲身经历来看：任何无趣的学习都不可能有良好的效果，然而，有兴趣的知识往往会使人废寝忘食，从而达到令人吃惊的良好效果。

不论是我，还是我的同辈中取得优异成就的人，或者历史上那些令人叹服的大学者、大智慧者，无一不是在大自然中得到启迪后才有所成就。

剑桥大学的溢斯特教授、米盖尔博士，哥根廷大学的弗兰格尔博士、林斯奇米博士，还有柏林大学的那些著名学者专家们，他们无论经历了怎样的人生，但他们都有一个共同点，即童年时期都与大自然有过广泛的接触。

我曾与他们一起探讨过这个问题，他们都把自己的成就归结于童年时期在大自然之中的薰陶。他们都有类似这样的观点，即在自然中得到的远远多于在书房中得到的。

不仅是这些现在依然活跃于学术界的人，历史上的名人也无一不是这样。

在哲学家中，柏拉图、亚里斯多德等人显然是在大自然中获得了超人智慧，在科学家中，牛顿完全称得上是其中的一个典型人物。在艺术家中，这样的例子更是举不胜举；音乐大师巴赫、亨德尔、贝多芬、莫扎特……绘画大师达·芬奇、拉斐尔、卡拉乔瓦……

无论是怎样卓超的人，无论是那一个伟大的名字，他们的成就都来源于一个共同的东西：大自然。

学习中的控制与放松

在我的学生当中，有许多这样的人：他们虽然有追求知识的强烈愿望，但常常感到力不从心，虽然他们异常勤奋，但仍然不能达到理想的效果。难道他们不够聪明吗？难道他们没有天赋吗？不，这些根本就不能仅仅用是否聪明、是否有天赋来解释。因为每一个人在上帝面前都是平等的，他们的"不聪明""没有天赋"完全是不合理的教育造成的。这种不合理教育的直接结果就是他们在成长之中没有培养起有效的学习方法。

什么是有效的学习方法呢？

我认为最轻松的方法就是最好的方法。而且，达到轻松的最佳因素就是兴趣。很多人在小时候就被灌输一种错误的观念，即学习是一件严肃的事，它是与轻松愉快完全相反的事。事实上，正是这种错误的观念让那些正在求学的孩子们时时感到难以承受的压力。

小时候，我可以说是一个最有时间玩也最"偷懒"的孩子。因为很多时候，在别的孩子正在房间里下苦功读书时，我都在玩耍中获得了许多知识。

有些人曾问父亲："你的卡尔每天好像都在玩，似乎并没有花多少时间在学习上，你不觉得担心吗？"

父亲的回答往往是这样的："有什么可担心的呢？对于孩子来说，玩和学习并没有多大区别。"

我如此描述童年时期的学习情况，并非夸大其辞，事实原本就是这样。当然，另一方面我也和千千万万小孩子一样常常被父亲关在书房里。

然而，书房对于我来说也和其它有趣的事物一样，我很愿意呆在书房里，因为这是一个令我感到愉快的地方。

父亲对我的学习安排有很独到之处。在计划让我读完某一本书或学完某一个教材时，父亲从不像其他父母要求孩子那样要求我，而是通过让我产生兴趣的方法使我自愿，去尽力掌握它们。

对于小孩子的学习时间，人们通常采用的是一次学习一个小时。父亲却只要求我每一次只学习 20 分钟，他认为这样的安排更有利于我对知识的吸收。

有一次，我正在完成一个比较难的数学练习题。可能是在解题之中获得了某种快乐，我忘记了父亲给我安排的时间。

父亲见我远远超出了学习时间，便走进书房对我说："卡尔，时间已经到了，你应该出去玩一会儿了。"

我说："爸爸，我还没有完成这道题呢。"

父亲说："没完成就暂时放一放吧，休息一会儿效果会更好。"

我说："也不知为什么，这道题显得特别难，我想还是做完后再休息吧。"

父亲说："我相信你一定会做出这道题。可是，如果不休息的话，等你做完了这道题可能就什么精神也没有了。这肯定会影响下面的学习安排。"

我说："我一点儿也不累，我的兴致正高呢！"

父亲说："这一点我能看出来。可是，你的确应该休息一下，到外面去走一走，否则你的兴致会很快消失的。"

听了父亲的话，我便停了下来，便和父亲一起到外面散步。

父亲一边走一边对我说："卡尔，你要知道这样的道理。**任何兴趣都需要培养，任何热情都需要善于控制。兴趣得不到良好的培养便会变得无趣，热情如果不得到合适的控制便会很快消失。**"

父亲总是以他充满智慧的方法给予我启迪。这时，我明白了父亲为什么一再劝我休息。我高兴地说："我明白了。如果刚才不停下来，可能再过一会儿我的兴趣和热情都会消失得无影无踪。如果是这样的话，到那时，恐怕我又疲惫又没有了热情，那么就不可能再以良好的状态学习下面的课程了。"

父亲什么也没有说，只是会心地笑了笑。然后，他把话题转到了其它方面，又开始给我讲那些有趣的故事和各种书本以外的知识。

后来，当我再一次坐到书桌前时，那一道数学题似乎一下子就变得简单起来。我以极快的速度完成了它。

如何让孩子对学习不感到厌倦

有人问我："威特先生，你在小时候就学习了那么多的学问，难道你从未感到过厌倦吗？学习是一件很难的事，难道你一直都觉得那么轻松吗？"

这样的问题，恐怕是人们，特别是那些正在教育孩子的父母们向我问得最多的问题。虽然这样的问题很难做出明确的回答，但至少我可以肯定地说，在儿童时代，我一直是主动地学习知识。

学习的确很难，我也有感到困难的时候，也有感到疲倦的时候，但我从未感到过任何的厌倦。因为知识对于我来说，简直是一种具有魔力的东西，它对我的吸引力远远超出了世界上其它任何事物。

有一次，哥根廷大学的哈德兰蒂博士对我说："威特先生，我真羡慕您。因为你始终保持着对学习的热情，这真是一件很不容易的事。"

听到这位著名的欧洲思想史专家说出这样的话，我当时感到非常的意外：难道他和我不一样吗？难道他没有学习的热情吗？难道这位取得巨大成就的人没有学习的热情吗？

我对他说："哈德兰蒂先生，我想每一位取得成就的人都是热爱学习的人，您也是这样的，这并不是一件奇怪的事。"

哈德兰蒂博士说："不，威特先生。虽然我现在在某些领域获得了一定的声誉，然而，这一切来得极为艰辛。"

我说："任何人都在为自己的事业付出努力，我也是这样的。"

他说："不，威特先生，我不是这个意思。我想说的是，我从未在学习中获得过任何的乐趣，仅仅是为了一个目标而付出努力。"

　　哈德兰蒂博士的话使我陷入了久久的沉思之中,我的心里顿时涌出了一股难以形容的滋味。

　　据我所知,哈德兰蒂博士是一位非常优秀的人,不仅在事业上取得了巨大的成功,在学术上是位很出色的专家,在生活中也是位令人尊敬的师长。令我感到惊讶的是,他居然是个不那么热爱学习的人,居然从未在学习中获得过乐趣。

　　我认为,"仅仅为了一个目标"而刻苦学习,往往得不偿失。因为这种心态和这种观念从某种意义上讲是对人生快乐的否定。

　　在小时候,父亲一再告诫我要成为一个快乐的人。在他的心目中,成为一个快乐的人,拥有幸福的人生比其它的一切都更为重要得多。

　　我认为父亲的这种观点完全正确,因为从我的亲身经历来看,幸福本身比成就或所谓的成功更有意义。

　　多年的求学生涯使我深深感到,只有在快乐的心情中方可能达到最有效的学习效果。对此,不仅是我,在我身边许多优秀的人都是这样认为的。

　　现在,有许多父母,包括我的那些颇有成就的同事,他们都极其严格地要求自己的孩子,力图使这些孩子成为优秀的人才。然而,这种严格往往使孩子感到非常的难受,甚至使他们失去对学习的兴趣。

　　至今,我也仍然为上帝赐给我这样一位优秀的父亲而暗自庆幸。因为父亲在教育我时,总能以他的机智使我对各种学问产生兴趣,并在任何时候都能够主动地去学习知识。

最多每天 3 小时学习制

　　有一天,父亲的一位好朋友来我家作客。当时我正在书房之中按照计划做功课。

　　父亲的这位好朋友是一位教育专家,听说我正在做功课,便与父亲谈论起教育方面的问题来。

　　顺便说一下,父亲的这位朋友现在是柏林幼儿教育协会的负责人，曾经担任过许多中学和小学的校长。是一位非常有学识和教育经验的人。

他就是著名的海德里奇·科恩先生。

科恩先生对父亲说："威特先生，听说您的儿子卡尔是一个神童，我这次来便是想见识一下。"

父亲说："科恩，我们是多年的好友。我很了解你，难道你也认为这个世界上真有所谓的神童吗？"

科恩先生说："当然，我和你有一致的看法，认为一切的神童或天才都是教育的成果。我这样说也是随大流罢了。只不过，您儿子名声的确太大了，这不得不让我也和一般人一样产生了这种想法。"

父亲说："对，你的想法完全正确。卡尔的确不是什么天才，只不过得到了合理的教育。"

科恩先生说："卡尔掌握了那么多的学问，我想他一定是个极为用功的孩子。"

父亲说："对，他很用功。"

科恩先生说："是呀，恐怕天下所有成绩好的孩子都离不开用功和努力啊！我的学生中也有一些不错的孩子，他们为了让自己的成绩优秀，每天的学习时间常常超过 6 小时，甚至 8 小时。"

父亲说："是吗？这可真难得。"

或许科恩先生看出了父亲脸上的那种并不赞同的表情，他急忙问道："那么，你的儿子卡尔每天学习多长时间呢？"

父亲说："两个小时。"

科恩先生的眼睛中透出了惊奇的目光："什么？两个小时。"

父亲又说："有时要多一点，但最多不超过三个小时。"

科恩先生更吃惊了："不超过三个小时？！他对历史、地理、植物学、数学等都那么精通，还掌握了 6 个国家的语言，每天只学习两三个小时，这不可能吧。"

这时，父亲走到了我的书房门口，启门之后对我说："卡尔，你应该休息了。你今天的学习时间已经快要超过三个小时了。"

我隔着门对父亲说："好了，爸爸，我再有五分钟就完成了。"

五分钟之后，我从书房中走出来，向科恩先生问好。

科恩先生一见到我，便顾不得礼节性的问候。急切地问道："小卡尔，你真的每天只学习两三个小时吗？"

我回答说："是的，一般是两个小时，有时要长一些。今天我学习了三个小时。"

科恩先生问："难道你没有毅力再多学几个小时吗？"

我说："再学几个小时也可以，可是父亲不允许我超过三个小时。"

科恩先生转过身去问父亲："这是为什么？孩子愿意再多学一会儿，你为什么不允许呢？难道孩子热爱学习不对吗？"

父亲微笑着对科恩先生说："因为像卡尔这个年龄的孩子每天学习两个小时已经足够了。孩子热爱学习是件好事，但大可不必把自己整天关在书房之中，他需要学习的东西更多的是在书房之外。"

科恩先生很诧异地看着父亲，不信地说："不可能，不可能。"

这时，父亲示意我去外面玩。

我知道这两位老朋友一定又要就教育方面的问题进行争论，便去找我的小伙伴去了。

晚饭之前，我回到了家。

科恩先生一见我回来便从椅子上站起来，他拉着我的手不停地打量我，不时地发出赞叹之声。

从科恩先生的表情来看，我知道他一定已经被父亲的教育思想所打动。

科恩先生说："真是一个不错的孩子。我一定要把你父亲的教育方法推广给其他的父母，也要实行于我的教学之中。"

科恩先生走后，我问父亲："为什么科恩先生一下子就接受了您的观点呢？"

父亲说："科恩先生是位很有学识的人。他既聪明又有教学经验。对于好的教学方法，他当然会很快就能理解。"

现在，我已经是一个三十多岁的人，也是一位做父亲的人了。有许多人向我询问小时候的学习情况，也有许多人问我是怎样安排学习时间的。我总是向他们强调"每天两小时"的学习方法。

可是，为什么小孩子每天仅学习两个小时就足够了呢？

对于这个问题，父亲曾在一份报纸上发表过他的观点：有许多热心于孩子教育的人认为，如果把年幼的儿童学习时间加长，就能使他们取得令人满意的成绩，也认为这是培养天才的好办法。我想，这对于一个成年人来说无疑是一件好事。因为成年人或年龄较大的孩子有比较好的自我控制能力，即使时间加长也可以充分利用。然而，对于年龄幼小的孩子就完全不一样了。**年幼的孩子，两个小时是一个界限。大多数时候，超过了这个界限，无论再有多长的学习时间，孩子也不能有两个小时内那么集中精力。虽然时间加长了，但效率却不 高。这样的结果只能是对时间和精力的浪费。**

我认为，父亲的这种说法是完全正确的。其实，无论是学习还是工作，效率应该是第一位的。如果效率不高，不能有效地充分利用时间，那么再多的时间也根本毫无用处。

在生活中，我们不难看到这样的情景：一些孩子虽然老老实实地坐在书桌旁，但只是坐在那儿发呆，大脑没有充分地活动起来，一点儿也起不到学习知识的作用。这种学习只是一种浪费。

我想，如果每一个孩子在学习时都能达到聚精会神，能够充分地利用时间，那么这个世界上一定会出现许许多多既聪明又轻松愉快的"天才"。

保冠军不如争冠军

自从我的某些特长得到他人的认可之后，我便产生了一种不健康的心态。虽然那时我仍然是个不到十岁的孩子，这种心态都已经开始困绕我。

这种心态是什么呢？就是我想极力保持住在人们心中留下的"神童"这一印象。现在看起来，这完全是一种毫无意义的虚荣心，但这种虚荣心在当时的确给我带来了极不良的影响。它直接导致我差一点走上了错误的道路。因为从那时起，我开始渐渐忽略了学习知识的快乐，而是为了让人们给予我更多更大的赞扬而学习。

有了这种不良的心态，我开始变得孤僻起来，不再像以前那样成天乐哈哈地去外面玩耍，而是整天把自己关起来。

虽然，这是我童年生活中很短的一段时期，但我觉得有必要在此作一翻描述，希望引起其他父母和孩子的重视，以便尽力不要犯这种不明智的错误。

有一天，我的小伙伴柯斯特来找我，说要约我在周末与其他孩子一起去作一次野外旅行。

征得父亲同意后，柯斯特便来敲我书房的门："卡尔……卡尔……"

听到柯斯特在门外叫我的名字，我并没有像往常那样高兴地从椅子上跳起来去给他开门，而是一动不动地隔着门不耐烦地对他说："什么事？柯斯特，我正在学习，请别打搅我。"

或许柯斯特听到了我语气的异样，便降低了声调，有些奇怪地说："怎么啦？！卡尔，我是专门来通知你的呀！我们约好了周末出去玩……"

"有什么好玩的？我要学习。"我更加不耐烦地说道。

柯斯特有些生气了："这是怎么回事？！连门也不开。好了，反正我已经通知到了，愿不愿参加随便你。"

说完，柯斯特便走了。

他的脚步声里透出了不高兴和对我的不满情绪。

这时，父亲走到了我的书房前。

听见父亲的开门声，我仍然不动声色地面向书桌。表面上看起来我在专心致志地学习，其实，我的注意力早已无法集中在书本上了。

对于这一点，我自己很清楚。我想，父亲也一定能感觉到吧。

父亲走到了我的身边："卡尔，你现在看到哪一页了呢？"

我赶忙从目光扫了一下那本《自然史》，慌张地说："第……第128页。"

父亲拿起了《自然史》，看了看书中的内容后问我："那么，第128

页是什么内容?"

"这个……这个……"这时,我当然不知道书中的内容,因为我根本没有看。

对于我这个极不令人满意的回答,父亲并没有生气和责备,而是把话题转到了另一个方面。

父亲问我:"卡尔,为什么柯斯特来找你,你却不开门呢?"

我说:"他们只知道玩。我还要学习呢!"

父亲说:"他来找你,是因为小伙伴都喜欢你。你不应该那么没礼貌地对待他呀!"

我说:"我就是不想和他们一起玩了,都是些没有意义的游戏。"

父亲问:"那么,你认为什么才是有意义的呢?"

"学习。"我毫不犹豫地回答。

父亲又问:"你今天学习了多长时间?"

我说:"大约有6个小时了吧。"

父亲问:"学了6个小时,可是为什么连《自然史》126—128页的内容都不知道呢?"

我说:"我刚刚才翻到这几页。"

父亲听我这样回答,便又问了我126页之前的内容,我仍然无法回答。

父亲说:"卡尔,对于这个,你又怎样解释呢?"

我知道,对于这种情况,我的确无法作任何的解释。

父亲又问:"你在今天的学习中感到快乐了吗?"

我说:"没有。"

父亲问:"为什么呢?"

我说:"也不知为什么,这几天的学习使我感到很累,根本不像以前那样轻松,好像什么内容我都看不懂,也记不住。"

父亲说:"这证明你应该休息了。太长的学习时间使你太疲惫了。"

我说:"爸爸,就是因为我没有良好地掌握学习内容,我才拼命地继续学习。如果再休息,恐怕就跟不上进度了。"

父亲摇了摇头,充满关切地说:"卡尔,这正是你不能有效掌握知识的原因所在。如果再继续下去，不但不能使你赶上进度，还会使情况更糟糕。"

我难过地问："那么，我应该怎么办？"

父亲说："我认为，现在最好的办法就是出去玩，去呼吸一下外面的新鲜空气。"

"可是……"

父亲看见我那副犹豫不决的样子，便耐心地开导我："卡尔，你怎么忽然忘记了爸爸教给你的方法。你以前不是一直都懂得只有轻松愉快才能达到良好效果的道理吗？你应该永远记住这个道理：**会玩的人才是最善于学习的人。**"

我说："这个道理我明白，可是我现在去玩，不是就更加跟不上学习进度了吗？"

父亲说："你应该相信爸爸的话，先出去玩一会儿。今天就不要再学习了，好好地休息一天，我想明天你的感觉一定会好起来。"

在我的心目中，父亲总是正确的。虽然有些犹豫，我还是听从了父亲的建议。

出门后，我首先去找到了柯斯特，并为刚才的不礼貌向他道歉。之后，我又和柯斯特去找其他的小伙伴，一起商量周末的行动。我们在一起就将要到来的周末活动进行了讨论，并各自发表了意见。

我回到家时，一件奇妙的事情发生了：本来一片混乱的脑子忽然清醒了起来，浑身感到无比的轻松。

以往日的习惯，我现在一定会立刻重新到书房中学习。但这一天我并没有这样做，而是选择了与母亲聊天。我知道，这样的做法会使我得到更好的休息，以便明天有足够的精力投入到更有效的学习之中。

那天晚上，我们一家人是在欢声笑语之中度过的。

这一天，我不仅更加深刻地认识到"会玩的人才是会学习的人"这个道理，还认识到了另一个更有意义的道理：无论自己怎样优秀，怎样突出，也千万不要把自己当成"神童"或"天才"，而骄傲地区别于同类人之外，因为这会成为一种不良的精神负担。

最好的记忆法

从我的经验来看，在学习中，记忆是很关键的因素。我想，不仅是我，其他用心于学业的人从童年起都应该对此有所体会吧。

现在有许多人靠强记、靠背诵来掌握知识，我认为这种作法是极其愚蠢的。因为这种死记硬背的方法不但不能达到"熟记"的目的，也不能对知识有所真正的理解。先不说这种做法根本不可能"记住"所学的内容，即使记住了，也只是能算发挥了记事本的作用。

只要是稍懂教育和真正用心于学习的人都会知道，在历史上所有取得辉煌成就的人中没有哪一位是仅仅靠死记书本而成功的。不但如此，这些有成就的人还留下了许多精辟的观点。

毕达哥拉斯说："你要求我记住什么呢？我什么也记不住，我只是理解了它。"

亚里斯多德说："死记书本的人就是一头蠢笨的骡子。"

贝多芬说："要我用脑袋记住这些旋律，那会使我变得对音乐毫无理解，我只用"心"去记住它。"

福楼拜说："我从不充当记事员的角色。"

从这些名人的话中，我们不难得出这样的结论：记忆非常重要，但永远不能死记。

父亲在教我读书时，除了引导我在理解的基础上去记忆以外，还采用了一种非常有效的办法，即反复记忆。

我童年和现在曾看见许多孩子在读书时总是逐字逐句地看，非常谨慎地想记住书本上的每一个句子，每一个单词。然而，父亲却从来不让我这样读书，而是让我快速浏览。

父亲认为，快速浏览有益于帮助我把注意力放在理解书的内容上，而不会将读书变成仅仅是认字的过程。

有一天，我正捧着那部厚厚的德文版的《古希腊文明的衰落》仔细地研读着。或许是因为看见我已看了很久书都没有翻页，父亲便走到我的书桌旁。

"卡尔，你在看什么书呢？看得那么仔细。"父亲问道。

"是《古希腊文明的衰落》。"我回答道。

"哦，这可是一本有趣的书呀！既有丰富的知识，又能帮助你学习希腊文。"父亲装作漫不经心地说道。

"爸爸，我看的是德文版，不是原版本。"我听见父亲说"能帮助学习希腊文"，便立刻纠正他的错误。

"哦?!原来是在看德文版呀！"父亲停了停之后说，"在我的印象中，你的德文水平已完全达到了阅读这类书籍的程度。为什么你看得那么慢呢？"

"爸爸，我看得慢并不是因为我不识字，而是想立刻记住书中的内容。"我解释道。

"既然这样，我现在再考一考你，看看你记住了没有。"说着，父亲便开始问我书本的内容。

使我吃惊的是，我不但没有记住以往看过和拼命去死记的年、月，连某些重要的内容和故事都没有记住。

"唉，这是怎么回事，"我奇怪地看着父亲说，"我刚才明明很认真地背诵过呀?!"

这时，父亲又考我以前读过的那些文学作品，奇怪的是，那些我从未刻意背诵的东西都记得一清二楚。

看见我吃惊的模样，父亲"哈哈"大笑起来。

"爸爸，您笑什么呀？"

"我笑你太傻了。"父亲笑着问我："你知道这是什么原因？为什么你刚才背诵过的内容转眼就忘了，反而以前读过的书都记得很清楚呢？"

我茫然地摇了摇头。

父亲说："因为你在看文学作品时很随意，并且看了一遍又一遍。虽然再一次看时都没有拼命死记它们，但通过多次的反复后，你很自然、很轻松地记住了它们。现在，你认为《古希腊文明的衰落》是一本学术书籍，便想一下子就记住它们。可是，这种死记硬背的方法是行不通的呀！"

"那么，我应该怎么办呢？"我问道。

"很简单，你应该像读小说那样去读《衰落》这本书。"父亲说。

"这可是一本严肃的书呀，"我不解地问，"那样轻率地阅读能行吗？"

这时，父亲收起了笑容，严肃而认真地对我说道："世界上的书籍没有严肃和不严肃之分。

只要是有价值、有意义的书都是好书。你应该对它们一视同仁。在学习中，有许多需要记忆的地方，但仅靠死背根本不可能达到效果。我想，只要你改变了这种错误的认识，你会发现《古希腊文明的衰落》和那些文学作品一样有趣，那么你就会很快地读完它，或许它的魅力会吸引你再读第二次、第三次。如果是这样的话，你不但能够体会到阅读本身的乐趣，也会达到在理解的基础上记忆的良好效果。"

后来，我按照父亲的方法去做了。在读《希腊文明的衰落》的过程中，对于那些暂时不能理解或不容易记住的地方我干脆一跳而过，只是去把握全书的整体内容和思想。等到我看第二次、第三次时，我发现自己已经在不知不觉中完全掌握了它。

像把握音乐的节奏那样把握学习过程中的节奏

当我们欣赏音乐之时，总会感觉到音乐之中的节奏。在一部交响曲中，我们常常会听到有的乐章比较欢快，有的乐章比较柔和和缓慢。即便在同一乐章中，我们也能感到节奏的存在。

事实上，正是节奏的变化造就了音乐之中独具特色的魅力。

父亲在教我学习知识时，特别在安排我的学习计划上，可以说是一个非常善于把握节奏的人，他完全像一个指挥家指挥一个交响乐团那样为我的学习作精心的安排。

听我这样说，恐怕有人会这样说："威特先生，你是否把你父亲的教育方法说得太玄了，教育孩子与音乐本身有什么关系！"

我可以肯定地说，教育不但与音乐有关系，还与世界上的任何事物都有关系。所谓世上万事万物都有联系，都有其共同性。对此，我深信不疑。

我在前面提到过的每天只学习两三个小时，每次学习时间不超过三十分钟，这些都是学习中节奏的表现。

父亲曾说，孩子的大脑是充满生命的东西，并不是一台机器。即使机器也应该有休息的时候，何况孩子的大脑呢？

据我了解，父亲的这一说法是非常有科学依据的。因为人的大脑工作到一定程度时，必须要有一段时间来进行调整，否则，越过了大脑工作的承受能力后，效率肯定会越来越低，甚至达到丝毫不能发挥作用的地步。

父亲曾对我说："即使你再怎么热爱学习，也应该尽力为自己安排足够的休息时间。休息不仅仅是为了解除疲劳，更重要的是在休息中缓和大脑的紧张状态，为下一步的学习作更充分的准备。"

父亲这句话的意思很清楚，那就是让大脑时刻都具备较高的工作效率。

对于学习之间的休息，父亲也有许多他独特的见解。

有一次，休息的时间到了。虽然我放下了书本，但仍然坐在书桌旁。

父亲对我说："卡尔，你应该休息了，为什么还坐在书桌旁呢？"

我说："我现在已经在休息了。我想反正一会儿又要开始学习，干脆就坐在这里呆一会儿吧。"

父亲说："你应该站起来活动一下，自己到客厅里去倒一杯水喝。"

我说："不用了，呆一会儿就要继续学下面的功课。"

听我这样说，父亲便没有再说什么。

可是，等到下一个学习时段开始时，我才发现父亲给我提出的建议是完全正确的。因为这时我感到很疲倦，好像刚才的休息没有任何作用。

后来，我把这种感受告诉了父亲。

父亲说："我之所以要你站起来活动一下，原因正在于此。虽然你刚才休息了十分钟，但由于你没有离开书桌，这使你的大脑仍然保持着前面学习时的紧张状态，导致你休息不充分。

也就是说，你虽然花费了十分钟的时间，但没有达到任何休息的效果。从某个方面讲，你刚才的十分钟是被浪费掉了。"

以后的休息时间，我按照父亲的建议离开书桌去客厅甚至到户外去走了一走，等我再次回到书桌旁时，发现效果完全与上次不一样。

虽然是同样的十分钟，但达到了完全不同的效果。

对于学习和休息之间的节奏，父亲还有许多与众不同之处。

比如，一般的人认为，休息的时间越长，放松的效果也最好。父亲却认为，在学习过程中的休息最长不能超过 10 分钟，因为这种学习中间的休息时间过长，会使本身比较兴奋的大脑变得迟钝起来。他说，大脑的活动以及它的兴奋需要合理的调整，不休息会使大脑疲劳，过多的休息又会停止大脑的兴奋。休息时间过长，等到大脑的兴奋停止下来后再让它活跃起来需要花很长的时间。所以说，不休息和过多的休息都是导致学习效率低下的原因。

对于父亲的这种说法，我同样也有亲身体验。

有一次，因为在上一个学习时段中感到非常疲倦，我就没有按照父亲让我休息十分钟的安排。我休息了大约二十五分钟左右。

虽然二十五分钟之后我觉得自己已经很放松，很舒适。但是，当再一次拿起书本时，我发现自己已经没有想继续学下去的欲望了。

我对这一现象感到非常奇怪，便去问父亲。

父亲说："学习的过程应该像音乐那样具有节奏感。你回忆一下，一部协奏曲常常由快板开始，经过柔板，再由快板结束。可是，当曲子进入柔板时，它一定有一个限度，即使再慢、再柔时，它也不会柔弱到永不停息的程度。假如中间的柔板时间太长，不管它有多么的优美，也不会让人喜欢。因为这段时间过长，可能会使人昏昏欲睡，那么这样的结果一定是你什么音乐也听不见了。我这个比喻虽然不完全恰当，但完全可以说明这样的道理：无论学习还是工作都一定要把握好过程中的节奏。只有这样，才能达到最好的效果。"

事实上，在我童年的学习中，我始终像把握音乐的节奏那样把握学习过程中的节奏。应该学习的时候我就全神贯注地学习，应该休息的时候就尽量地放松自己。

我想，也正是这种合理有效的方法使我在很小的时候，花费不太多的时间便掌握了许许多多的知识。

交叉学习法

人们都以为我是个从小就非常用功的孩子。当然，我小时候一定很用功，但我想，父亲和我对用功的理解与许多人有完全不同的理解。

父亲在日记中曾这样写道："今天米盖里希先生对我说：'威特先生，您的儿子卡尔一定是个用功的孩子，否则他不会取得如此卓越的成就。'我说：'当然，任何成就都是需要付出努力的。'米盖里希先生说：'可以想像，您儿子一定是废寝忘食地学习，一定没有时间玩吧。'我告诉他：'不，虽然卡尔很用功，但他也与其他孩子一样贪玩，或许他玩的时间比其他孩子还要多呢!米盖里希不相信我的话，认为我是在故意隐瞒什么。其实，对于孩子的教育，我有什么必要隐瞒呢?相反，我最大的愿望就是让我的教育方法能够为其他孩子以及他们的父母有所帮助。我是信仰上帝的人，能帮助别人是我毕生的心愿。这一点，上帝是知道的。"

我想，父亲的话一定是真实的。在我的印象中，我的童年生活并不是那种整天关在书房中的生活，而是充满乐趣和多姿多彩的生活。我之所以能够掌握那么多门类的知识并在每一学科上都有优异的成绩，完全归功于父亲对我的教育和教学方法，这一点我在前面已经多次讲述过。

除了以上的那些方法之外，父亲认为还有一种独特的方法能使我获益非浅。

这种方法就是交叉学习法。

所谓交叉学习法，就是在每天的学习安排中，根据实际的情况不时地转换学习内容。这种方法的最大优点在于让大脑时刻处于兴奋之中。

父亲知道，人都乐意于接受新鲜的事物，如果总是面对同样的东西。无论这个东西怎么好也会产生厌倦之感。学习也一样，如果孩子每天都学习一种门类的知识或每天都面对同一个科目，大脑会自然而然地产生厌倦的疲惫。

那么，父亲怎样避免让我不产生这种厌倦呢？

他的最好的办法就是让我不停地变换学习的对象，适应地转换学习科目。

有一天，一道非常难的几何题把我弄得头昏脑胀，虽然在解题的过程中我多次停下来休息，但仍然不能改变这种不良的状态。

父亲看见我焦急不安的样子，便问我："卡尔，今天是怎么啦？为什么总是显得那么不安呢？"

我说："不知道是不是这道题太难了，我简直找不到解题的方法。"

父亲问："你感觉很疲倦吗？"

我说："是的，不但很疲倦，而且觉得头疼死了。"

父亲说："那么你应该休息了。可不要因为用功而忽略了休息的作用啊。"

我说："我已经休息过很多次了，可是毫无作用。"

父亲问："这道题你做了多长时间啦？"

我说："大约两个小时吧。"

父亲仔细地看了看那道题，"卡尔，这道题虽然有些难，但并没有超出你的程度呀！"

我说："这个我也感觉到了，可就是做不出来，真不知怎么办才好。"

父亲说："这样吧，你把这道题放一放，先去做其它的功课吧。"

我说："这样的话，我不是半途而废了吗？我想，这不是一个正确的选择，这是懦夫的表现。"

父亲说："暂时放一放并不等于你没有毅力，这只是一种有利于学习的方法，它和那种在困难面前退缩的行为是两回事。你想一想，你如果继续下去，有可能使你更加疲惫，如果现在就停止学习又会影响到你的学习计划。既然这样，不如先完成了其它的事后再来解这道题，或许效果更好一些。"

听父亲说暂时放一放并不是懦夫的表现，也不会影响整个学习计划，我便立刻停止了对那道几何题的解答，开始学习其它的科目。

当时，我正学习的是地理课程。

让我感到吃惊的是，刚才一团糟的头脑突然变得清醒起来。

不久，我顺利地完成了当天的地理学习计划。

又休息了十分钟后，我又开始去解刚才的那道几何习题。

这一次，我不但不像刚才那样觉得这道题很难，而且很容易地找到了解题的方法。也不知为什么，在解这道题时，似乎某种灵感，突然从天而降，我不仅正确地得到了答案。

而且还找到了两种解题的途径。

做完功课后，我高兴地把这件事告诉了父亲："爸爸，你说得很对，那道题果然没有那么难。"

父亲笑着说："当然了，只要你掌握了正确的方法，世界上根本就没有无法解决的难题。"

在以后的日子里，我时常采用这种交叉学习法，每一次都得到了令人满意的效果。在我成年之后，这种"交叉"的方法使我受益无穷。因为我不仅将它用到学习上，还引伸到我从哈佛大学毕业后的工作和生活上。

在父亲耳濡目染的教育之下，每当我在生活或工作的某一个方面遇到困难或麻烦时，我从不会以钻牛角尖式的方法对待它，而是常常采用灵活变通的方式。我常常将暂时不能解决的问题放在一边，等我完成了其它比较容易的事后再解决它。

事实证明，这种方法不但让我节约了宝贵的时间，还每一次都顺利地解决了那些最初看起来很难解决的问题。

第八章

塑造孩子完美的情感气质

> 我认为培养孩子的感情是顶重要的事。我可不想儿子长成一个学识很高但却冷漠无情的人。因为，一个人一旦失去情感，就会变成一台冷冰冰的机器，无论他有多大的才华，也只不过仅仅充当机器的一块零件而已。不仅是人，连动物都是有感情的。能否陶冶好孩子的情感直接关系着他将来的幸福。

从体验他人痛苦做起

在父亲对我的教育中，有一个东西是被大家所忽略了的，就是精神教育。父亲的教育理想，是要造就身体和精神全面发展的孩子，身体、品德、智力、人格皆备的这样一个接近完美的人。任何方面有缺陷或单方面的突出都是他所不愿意看到的。因此，他对我精神教育的重视，丝毫也不亚于其他方面的教育。

父亲认为，只有精神和身体全都健康才称得上是一个完美的人。凡是身体精神都健康的人就不必再有什么别的奢望了。而身体精神有一方面不健康的人，即使获得了别的种种，也是徒然。

自从我被视为神童而远近闻名以来，人们络绎不绝地前来拜访，或者对我进行考试，但大多数都是向父亲请教育儿经验的。他们全都只关心父亲是如何培养我的知识与能力的，没有一个人问到有关身体、精神、品德方面的教育问题。即使父亲有意提到，他们也毫不在意，一味只想知道父亲是怎样养出一个神童的。人们教育意识的这种偏颇，让父亲感到深深的忧虑，他在自己的长达两千多页教育著作《卡尔威特的教育》中多次表露了这种忧患。

"有的人具有强壮的体魄，但由于没有知识和品德作为后盾，他们的强壮显得多么单薄和无力。这种人或者粗暴，或者木讷，他们只能去靠自己的力气来生活，只能对社会做出有限的贡献。还有些人由于没有受到教育，他们无知、愚昧，甚至变得凶狠、残暴，不仅不能成为有用的人材，还会为社会带来极大的危害。

然而，如果一个人只有知识而没有品德和体魄，很可能就是个只会读死书的书呆子，这种人或者弱不经风，或者德行不良，做不了任何有用的事。我不愿意儿子将来成为这样的人。"

"我认为培养孩子的感情是顶重要的事。我可不想儿子长成一个学识很高但却冷漠无情的人。因为，一个人一旦失去情感，就会变成一台冷冰冰的机器，无论他有多大的才华，也只不过仅仅充当机器的一块零件而已。不仅是人，连动物都是有感情的。能否陶冶好孩子的情感直接关系着他将来的幸福。"

记得我大学毕业那年，学校里又来了一位年仅 15 岁的小神童。他的学业确实是超乎寻常的优异，人也聪明绝顶，但却很少有人会喜欢他。大家都说他是个冷漠、缺乏情感的人。他几乎没有什么朋友，在学校里独来独往，跟任何人都建立不起较为亲密的关系。他从不主动帮助别人，也不轻易接受别人的帮助，他极为沉默，即使别人主动找他交谈，他也说不上几句话。

据说他这种性格的形成是因为自幼失去母亲。父亲对他的教育又极为严厉，甚至可以说是严酷。所以这个孩子从小到大一直是这样。

当然从意大利留学归来开始授学生涯以后，我还见过他几次。他也在哥廷根大学任教，只身一人住在公寓里，除了生活和工作上的必需外从不与人来往，一直也不结婚，甚至当父亲重病卧床期间他也不回家。他父亲死后不久的一天，人们发现他已在家里自杀身亡了。

这样的人，在洛赫村里我也见到过一个，就是克劳弗大婶的儿子维克多。

维克多还是个少年时，他父亲应征入伍参加了与拿破仑的战争，村里还有好多男人也跟他一样走了。两年后传来了噩耗,他们中的不少人都战死了,维克多的父亲也在内。当时村中的小伙子们纷纷主动参军,说是要"为父亲,为祖国而战"。唯独维克多没参军,而是突然失踪了。

后来村里人才知道,维克托在森林深处的洞穴里躲了起来,一直躲到战争结束才回到村里。

回来后他在镇上的酿酒作坊里做工,很快便结了婚生了孩子。现在,他的两个女儿都已出嫁,最小的儿子还在念书。

表面上看来,维克多的生活是很正常的。然而,人们却在暗中议论维克多,说他毫无侧隐之心,是个铁石心肠的人。他嫁出女儿后,从来不去女儿家做客,也从来不邀请她们回娘家。

这在村里人眼里是一种不合乎情理的行为。和他一起工作的同事们也说,作为工作定额派下的活儿,维克多是会完成的,但是,如果偶然要他帮一帮别人,或者做一点公益的事情,他是绝对不会干的。

"他就像一堵石砌的墙,没有一点感情。"同事们都这样评价他。

洛赫村里大家公认的哲学家,80岁的守林人科拉波尔老把维克多这样灰溜溜、毫无光彩的生活叫做"狼一样的生活"。他说:"维克多的心冷漠,晦暗,没有情感的闪光。不错,他眼睛不瞎,可心却什么也看不见,他离群索居,只为自己活着,像一只狼一样过着昏暗阴森的日子。"

科拉波尔老人说这全得怪克劳弗大婶,她只懂得照顾维克多的生活,从来不懂得陶冶他的精神生活。

克劳弗大婶每次生了病,总是瞒着维克托不让他看出自己的痛苦,因为她担心儿子会受惊所以维克多长这么大也没学会照顾别人、关心别人。

维克多家隔壁住着两个无儿无女的老人,小时候他经常去他们家玩耍。每一次两位善良的老人都要拿出甜胡桃和其他孩子喜爱的食品给他吃。但是,老人生病的时候,克劳弗大婶却禁止维克多前去探望。她总是重复那句老话,"为什么要让孩子看到痛苦和忧伤呢?"

这就是教育的缺陷,从童年起就不让孩子了解体会别人的痛苦,不让他有强烈的情感体验，这样，他的心里也就不会有人的感情，欢乐和痛苦，悲伤和恐惧，统统都没有，只会成为"狼一样的人"。

父亲在与我谈起这些人时总是感叹："这样的孩子活着与死去有什么不同呢？"

"是啊。"我赞同说，"人虽然活着，但却体会不到人类美好的情感与丑恶的情感，心里只有无穷的空虚，这样的人生，该有多么可怕呀！"

"感谢上帝，你并没有成为这样的人。"父亲说。

我笑了，说："与其感谢上帝，还不如感谢您呢，难道说不是您的全面教育才使我成为一个幸福的人吗？"

父亲也开心地笑了，欣慰地说："说到教育，我确实尽了全力，我一直重视你在各方面所受的教育而不单是学习知识。所以你从儿童时代起就是个健康活泼、精神饱满的孩子，既有丰富的学识和修养，也有优良的道德品质。这些都是我希望的，你做得很好。

"你也做得很好呀，我亲爱的父亲。"

如何让你的孩子永远爱你、关心你

人的精神教育包含了许多方面，感情熏陶、人格培养和艺术修养等等。我之所以首先强调感情熏陶，是因为它可以培养出对一个人来说最紧要的能力——爱的能力。这也是父亲最为看重的。他一心要使我成为这样一个人，心中充满了爱情，富有爱的能力，既能够爱别人，也能接受别人的爱。

父亲认为一个人只要缺乏爱的能力，人生就会充满不幸。以维克多和那位神童为例，他们不就是因为父母对其感情熏陶的不足而缺少爱的能力，他们不懂得爱，不懂得去爱别人，以致于造成了悲剧性的人生。

而父亲却使我懂得必须爱护、尊重、激励和完善人的爱的情感。这种情感非常微妙、变化莫测。它最温柔也最强烈，最脆弱也最坚

固，最有力也最精巧，它最富于智慧，是人类最宝贵的精神财富。它像音乐和有魔法的美女那样影响着孩子的心灵，不断地调拨孩子的心弦，使他们对话语、善意、爱抚、真诚的感受越来越敏锐。

父亲不光用嘴告诉我这些道理，还用实际行动教会我怎样去爱。

父亲很爱母亲，他教育我爱母亲时说："世界上最辛劳的是母亲。母亲的工作最繁重、最劳累，也最光荣。所有的母亲都像圣母那样神圣高贵。"

他同时也随时随地表达出这种爱。在童年时，我总是看到父亲无微不至地关心、帮助母亲。

他承担起所有力所能及的家务，尽力让母亲不那么操劳。对待母亲，他一直都温柔体贴，细心体察母亲任何微小的困难和需要。在我的记忆中，父亲极少与母亲争吵，发生争执时，他总是让着母亲。

从我懂事时开始，父亲每天清晨总要到花园剪下一枝新开的花朵，或者是玫瑰，或者丁香、百合、茉莉等等，拿回卧室插进母亲床头的木制花瓶里，让母亲睡醒后一睁开眼便能看到美丽的鲜花。那个花瓶也是父亲在婚后第一年用了好几个月的时间雕成的。几十年来，父亲天天如此。他还特地盖了个小温室专门用来养花，无论是严寒的冬季，还是坏天气的秋天，倾盆大雨的夏天，或者寒气未退的早春，他都早早来到这里，剪下一枝新开的鲜花送给母亲。

待我稍长，我也每天和父亲一起早早起床，剪下鲜花送给母亲。

我长大后，母亲曾向我描述过她当时的感受："每天早晨似醒非醒的时候朦胧中听到你父亲小心翼翼的脚步声，后来又加上你的脚步声，接着，枕边扑来一股芬芳的香气。我再也不能入睡，可总是闭着眼睛再躺上半个小时，享受着这种幸福。"

在我7岁那年，母亲得了一场重病。父亲日夜守候在床头，尽心竭力地照顾她。记得有一次，天还没亮我就醒了。只见母亲呼吸急促，父亲正俯着身子，望着她的脸。

父亲是那样悲伤，眼睛里充满了痛苦和爱恋。就在那一刻，人的生命在我面前展现了它不为人知的一个侧面——爱与忠诚。我觉得，就是从那一刻起，我真正学会了如何发自内心地去爱一个人。

现在 20 多年都已过去，父亲和母亲的生活还是那样的幸福和谐。在这个世界上，他们是我最亲爱的人。我以一种深厚的感情爱着他们，我从来没有过不听他们的话或者对他们说谎。每当我注视着他们的眼睛，我总能从中看到永不熄灭的伟大的人类之爱的光芒。

父亲对母亲的这种爱令我深深的钦佩及感动，我也从小学着用行动表达对母亲的爱。我从四五岁起就抢着帮母亲做家务，收拾餐桌、洗涮餐具、打扫屋子什么的。每天睡觉前，我都会与母亲交谈，用心倾听她今天的心情好不好。我可以从母亲的眼神和动作，还有她对我的态度，去感受她的心情是平静还是焦躁，是快乐还是忧伤，从而根据母亲的情绪状态调节自己的言行。

当然，我也不是一开始就能做到这一点，是父亲的教育使我懂得了该如何去体贴别人。

有一次父亲必须去外地参加一个重要的会议，而我则受邀跟叔叔一家人沿波尼那河做一次为期五天的有趣旅行。那时我还是平生第一次做这种野外旅行，兴奋得不得了，连觉也睡不着，即使睡着了也会梦到旅行。

我和父亲临出发时，母亲的胃病犯了。她十分难受，但却尽力装出没事的样子，以免我们不能安心地出行。当时我只顾自己高兴，丝毫也没察觉到母亲的不适，但父亲却敏锐地发现了母亲正在经受的痛苦。他因为公事非走不可，于是劝我放弃旅行，留下来照顾母亲。我好容易才盼来这个机会，自然不情愿这样轻易放弃。父亲生气地说："不行！你哪儿也不能去。不能把重病的妈妈一个人丢在家里。"

我听了大哭起来，抗议说："你就是不想让我去！妈妈哪里生病了？妈妈刚才还笑着叫我好好去玩呢。生病的人怎么笑得出来？"

"难道你没有看出妈妈病成什么样子了吗？"父亲质问道，"她病得很重，为了装出健康的样子她费了多大的力气，难道你一点也看不出来吗？"

我困惑不解地说："那妈妈如果真病了，干嘛要装没病呢？"

"傻孩子，那是因为妈妈爱你，怕你担心她的病而没法安心去玩。她是为了你才这样做的呀。妈妈对你这么好，你能忍心让她一个人忍受病痛的折磨吗?"

我这才恍然大悟,怪不得母亲的脸色那样苍白,怪不得她时不时要皱起眉头,怪不得她推说没胃口不吃饭。

"你说得对,爸爸,妈妈是病了。可是,我确实一点也没看出来。"我愧疚地说。

父亲语重心长地告诉我:"卡尔,你爱妈妈不能只停留在嘴上,而要在行动上真正做到对她关心。你要学会从妈妈的目光,说话的语气和一些特别的动作中,体会到妈妈忧伤和愁苦的心情,及时帮助她。这样做才算是真正爱妈妈呢。你想想,妈妈是不是就这样来爱你的?"

"是呀,我心里有什么不高兴,我不说妈妈也能知道;我生病了,妈妈不睡觉照顾我。现在妈妈病了,我却不知道,唉,我真是个没爱心的人。"

父亲欣慰地说:"知道错了就好。那么,你现在要怎么做呢?"

"我不去旅行了,我要留下来照料妈妈,陪妈妈看医生、伺候她吃药、吃饭,陪她说话解闷,到你回来的时候,妈妈的病准保全好啦!"

"好,那我就把妈妈交给你了。"

就这样,父亲通过日常生活中的小事,一点一滴地把爱注入我的心中。当我后来要结婚的时候,父亲特意写信给我强调这个问题:

"你就要结婚了,但在结婚之前,我仍要建议你们好好审视对方,彼此要多一些了解,要确信你们的爱情能够永恒。"

为什么我总是强调爱呢?因为强调爱就是强调最神圣的教育。所以必须反复强调对人的爱。爱不单是幸福,不单是幸福和快乐最清纯的源泉,爱还在带给我们最大幸福和愉悦的同时,要求我们承担起婚姻的责任。

伏尔泰曾经说过:婚姻带来的,要么是最大的幸福,要么是最大的灾难,美满婚姻本身就是一座天堂。只有懂得了结婚同时意味着承担责任,你们才会在日常生活中相互关爱,为对方创造幸福,从而在婚姻中维持久久的爱情。这一点的重要性不仅在你们,也在于对孩子的教育上。

卡尔,你早晚会有自己的孩子,我希望你能像我对你那样,使他们在爱中成长。**爱的教育力量，就在于爱是人对人的一种美好的义务，它意味着用心灵去感知人的哪怕最细小的精神需要。这种用心灵感知人的能力，不能用语言传达，只能通过父母的榜样展现给孩子。**

你还记得吗，当年我并没有要求你和我一起早早起床给妈妈采摘鲜花，但你通过我的行为明白了它表达了怎样的感情，又给妈妈带去了怎样的感受，所以自然跟着一起做了。

这就是在培植爱的情感。所以以后你一旦有了孩子，请注意你的行为。父亲的行为对孩子的 影响是至关重要的，没有父亲鲜明的榜样，所有关于儿童爱的教育都只是空话，而没有父母的榜样，没有父母相互关心和相互爱护时迸发出的爱的光和热，要孩子学会爱与被爱都是不可能的。"

开发孩子的勇敢坚忍精神

在我的精神教育中，父亲把对我勇气与坚韧的开发和培养作为一项重要的内容。

父亲曾告诉我，勇气能使我们抵抗我们所惧怕的危险和所感到的灾祸，对于我们这种四面受敌的人生是顶有用的，所以我们应该及早使自己获得这种精神武装，愈早愈好。

当然，一个人的天性如何，在这里是大有关系的，不过，即使天性有缺点，心的本身脆弱怯懦，它还是可以通过正确的教育和培养获得一定的勇气的。

一般的父母总是时刻担心孩子会受到意外伤害。但父亲认为，如果仅仅担心孩子的安危，过分地强调危险性，为防万一而牺牲了孩子接受锻炼的机会，孩子的勇气也就无从培养了。

所谓天性其实是次要的，在孩子年幼的时候父母没有重视这一问题，这才是他们长大成人后不能充分具有勇气这种美德的主要原因，因为我们德国人天生都是最勇敢的。有的人从不害怕在敌人面前牺牲生命，但这还不是勇气的全部，因为除了战场以外，我们还

有从别的方面扑来的危险。死亡虽然是一切可怖的事物中最可怖的，但是失败、羞辱与贫困也有可怖的容貌，可以使得大多数的感受者困顿不堪。

这些全是人在经历生命时会遇到的危险。真正的勇敢坚韧，就是要准备着遭受这各种各样的危险，无论遇到了什么灾祸，都不能畏缩不前，不能让它扰乱我们镇静地运用理智，妨碍我们去做理智所吩咐的事情。父亲常说只有这样的才是有价值的，否则无论有多高的才华和学识都只会一事无成。

而要达到这种高贵刚毅的果敢，父亲所做的第一步就是在我年幼的时候，极力使我避免一切惊吓，不让我听到任何可怕的谈话，也不让我看到任何可怕的东西。因为一个人在幼时得到的印象是终生难以磨灭的。比如有的人从小怕黑，因此一辈子也不敢单独一个人在黑地里行走。

我们邻居家的孩子比约克，少年时喜欢和一群坏孩子嘲弄村里的一个疯子。有一天他们又围着疯子嘲笑时，疯子突然疯劲大发，提了一把刀追着比约克要砍他。比约克拼命逃跑，逃到自家门口时，他稍一喘息，回过头去看疯子追来没有。哪知疯子已追到门口，一刀向他

当头砍下来，幸好他及时关上门才没被伤到。自此以后，哪怕20多年过去，他已长大成人，但每次走进家门口时，尽管心中根本没想到那件事，但仍然情不自禁地回头看看身后，并加快脚步关上门。

这种小时候受了惊吓，导致精神懦弱，此后一生一世都会受影响的人是非常多的，所以父亲教育我一直对类似的事要尽力加以预防。

他从不允许母亲或保姆给我讲幽灵、恶鬼、地狱、妖怪之类恐怖迷信的故事；无论我哭闹得多么厉害，他也绝不用黑暗啊、大灰狼啊之类的来吓唬我，就像其他父母常做的那样，虽然把孩子吓安静了，但却在他们心里留下了阴影。

记得我4岁时，有一次问父亲世界上到底有没有魔鬼。父亲对我说既可以说有，也可以说没有。对于他的回答我感到很奇怪。看着我迷惑不解的样子，他反问我：

"那你认为有没有呢?"

"我认为是有的。"

"为什么呢?你见过魔鬼吗?"

"没有见过,可是大家都说有。"

"既然没有见到过,你就不能说有,因为人只应该相信亲眼见过的事物。"

"可是,为什么大家都说有呢?一定是他们亲眼见到过。"

"不对,从来没有人亲眼见过魔鬼,那些全是无知的人的瞎猜乱想。"父亲反驳说。

我越听越糊涂,下决心要把这件事弄个明白,追问道:"那么,爸爸,你刚才为什么也说有呢?"

看着我那副认真的模样,父亲开始耐心地给我讲明其中的道理:"其实,魔鬼只会存于人的心中。善良的人,心中没有魔鬼;而那些坏人,心中就一定有魔鬼。你看那些无恶不作的坏人,他们不就像魔鬼一样吗?他们整天做着危害他人的坏事,不是魔鬼又是什么呢?"

"可是,你说的这个魔鬼跟别人说的不一样啊。"

"是不一样,他们说的那个魔鬼是根本不存在,存在于世间的惟一的魔鬼就是人的坏心肠。儿子,你要记住,一个人只要心中充满光明,为人正直,能够帮助别人,为别人着想,尽力行善,那么他就是天使;如果总是想着自己,一心只想干坏事,那么他就是魔鬼。所以魔鬼没什么可怕,一个人只要心中充满光明,有勇气,就能战胜邪恶,就能战胜无恶不作的魔鬼。这下明白了吗?儿子?"

"我明白了,爸爸"我响亮地说,"世界上是有魔鬼的,就是那些做坏事的坏人。

我一定要做一个正直又勇敢的人,这样我就不怕什么魔鬼了。"

父亲就这样使我小小的心灵中充满了光明和勇气,而不是恐惧与忧愁。不过仅做到这一点还远远不够。勇气的获得是需要不断磨炼的。

磨炼勇气的最好办法莫过于不娇惯孩子,甚至故意使他们受点痛苦,因为使我们失去勇气的最大原因便在于害怕痛苦,而凡是受惯了痛苦的磨难的人却全是勇敢、坚忍又果断的。

在小时候，无论我摔倒或有什么磕磕碰碰甚至受伤，父亲从不表现出非常哀怜的样子，也不许母亲和仆人们这样做。他总是鼓励我：

"没关系的，一点小事情，你是男孩子，可不能哭哦。对了，自己爬起来，要勇敢一点呀！"

有一次，我因着凉感冒而发起烧来，吃了一些药后仍不见效，温度还越烧越高。父亲赶忙请来大夫。大夫说我必须打针，否则无法退烧，而这样的情况如不及时去烧可能导致肺炎。说到打针时，父亲由于对我的病情感到担忧，不由自主地皱紧了眉头。

那年我才3岁，第一次听说打针这个词，还不能理解它的意思，但看到父亲紧张的样子，再望一眼大夫忙忙碌碌摆弄着的针头、药品，心中隐隐感到事情不妙，不禁害怕得哇哇大哭起来。大夫将注射器准备好一针扎下来以后，我更是痛得大哭大叫。

父亲这才意识到，我之所以这样害怕，多半是因为看见了他担心的表情，他的表情告诉我这是一件很严重的事情。因此打完针后当母亲要过来安慰我，父亲拉住了她，并用毫不在意的语气说：

"这么大的孩子了，打针还要哭，羞不羞啊！好多比你小的弟弟妹妹打针都不哭呢。爸爸打针也不哭，妈妈也不哭，连柯蒂都不哭，就你哭，多不好意思呀！快把眼泪擦了，那点痛对一个勇敢的孩子算什么？"

后来当母亲责怪父亲狠心时，父亲告诉她："我今天的态度是不对头，呵护儿子有些过分了。我们应该教会儿子不逃避各种危险和痛苦，学习去面对，去忍受，因为长大之后的生活环境需要忍受的东西更多。儿子是勇敢还是懦弱，这全是我们的态度决定的。我想，你也不愿意让儿子变成胆小软弱的人吧。"

第二次打针时，父亲果然采取了另外一种态度。

第二天，大夫按约定时间到了我们家。我一看见大夫进门便立刻躲进了自己的房间。大夫看到我吓成那个样子，忍不住笑了出来：

"啊，卡尔害怕了。喂，小机灵，不要害怕，我可不是会吃人的大灰狼。"

母亲也帮着叫："卡尔，快出来，大夫是来给你治病的。"

我仍然很害怕，任他们怎么叫也不肯出去，后来还干脆钻到床底下躲了起来。

这一次父亲采取了非常平静的态度，他把大夫带进我的房间，温和而坚决地说：

"出来，卡尔，躲是躲不掉的，今天必须打针。打了针病才会好，你看昨天打针，今天你不就好多了吗？"

"我不打针，我全都好啦。"

"你要是不打针，就不可能全都好。卡尔，不怕，打针并不可怕，不是吗？昨天你才打过的，并没有什么呀！"

"可是……可是，我害怕痛呀。"

"这点痛算得了什么？！我给你讲过普罗米修斯盗火被罚的故事，他受了多大的痛苦啊，你还说你也要成为像他那样了不起的人，可你现在连打针都害怕，怎么能成为一个具有勇气和坚韧精神的人？怎么能做成什么大事呢？"

"嗯……嗯…"我嘴里哼哼着，还是磨蹭着不肯出来。

父亲继续耐心地劝说："卡尔，为了治病忍受一点疼痛有什么关系呢？每个人都会生病，这是每个人都必须面对的痛苦。你躲起来不敢面对，胆小鬼才这样呢。爸爸相信你是个勇敢的孩子。来，卡尔，拿出勇气来！"

我那时最怕别人说我是胆小鬼，一听父亲这样说，顿时忘记了害怕，"勇敢"地爬了出来。

打针时尽管痛得要命，我也使劲忍住不哭，还含泪给大夫唱了一首歌。

待我稍长大一些，父亲开始带我进行各种野外探险活动，以磨炼我的勇气。记得我4岁时，他就带我去登山了。

有一次登山时，父亲的弟弟与我们同行。当我们攀登一个较为陡峭的山坡时，我不禁有一点害怕，不敢再往上爬，我回头望着父亲，希望他把我抱上去。可父亲却装作没看见我的暗示，只顾自己向上攀登着。后来他告诉我他当时是有意想锻炼一下我的胆量。

叔叔却没能理解他的意思。由于一直都十分疼爱我，叔叔非常担心，又怕我摔下来，又怕磨破我细嫩的小手。因此他一会儿拖着我走，一会儿又叫父亲慢一些。他这样一呵护我，我更觉得胆怯了，终于向父亲撒娇说：

"爸爸，我的脚好疼啊，再也爬不动了，你背我上去好不好？"

父亲断然拒绝。"不行！我们在山下不是说好要自己爬吗？"

叔叔在旁边忍不住插嘴说："算啦，他才这么小，这太危险了，我来背他吧。"

父亲拦住叔叔："我这样做正是要他克服本性中的懦怯和脆弱，等他长大以后，才会去做他天性所不敢做的更勇敢的事，你现在娇惯他等于是害他呀！"

接着父亲回过头来对我说："卡尔，不要怕，你看爸爸和叔叔都爬了这么高了，不会有任何危险的。拿出勇气来，卡尔，要像个小男子汉那样！"

"对，"叔叔也鼓励我，"卡尔真勇敢，都爬了那么高了。你看，就快到顶了，再加把劲。"

在他们的鼓励下，我终于战胜了恐惧，鼓起勇气爬到了山顶。就是通过这些细微的小事，父亲在我的心目中形成了这样的信念：勇敢和坚忍是受人尊重的，懦弱和胆小却是被人瞧不起的。这信念伴随我到现在，还将伴随我终生。

给予孩子被打后的飞跃

古代普鲁士有一个良好的传统，就是儿童被当作独立的成人来对待。那时的普鲁士贵族往往让自己幼小的儿子离家到另一个城堡的其他贵族那里学习怎样做真正的骑士。他们认为这种离家独立成长的过程，可以使孩子具备一个骑士所应有的素质和知识。可见，对孩子独立意识的重视，是德意志民族历来奉行的传统。

这些都是父亲告诉我的，他极赞扬这一传统，而对现今父母过分庇护孩子，不注重培养孩子独立人格的做法表示忧虑。

　　我的一个同事就是这样。他中年得子，溺爱得无以复加。那孩子已经5岁了，他的妻子还是整天喂他吃饭，给他穿衣穿鞋扣扣子，从不离开孩子半步，到哪儿都带着他。为了怕儿子出意外，夫妻俩禁止儿子到外面去玩，每当儿子与小伴起了纠纷，他们还会出面干涉。在这种教育下，他们的儿子变成了一个无能、孤僻、内向的孩子，什么事都不会做，我到他家做客时，他甚至不敢跟我说话。

　　这个孩子的情况真是让人叹息。想起我5岁的时候，不仅能做自己的事，还能帮母亲做家务了呢。完全不可同日而语。

　　其实，放手让孩子去锻炼、去挑战困难，以培养孩子自立自强的品质，这种传统意识并未被完全摒弃。在我周围仍有不少父母甚至认为这是比传授孩子知识更重要的职责。传统的做法应得到极力推崇。父亲也正是这样来教育我的。

　　柯蒂告诉我，父亲为了从小培养我的独立精神，在我刚出生的时候就让我单独睡在摇篮里，而不是躺母亲的怀抱中。稍大一点，我就有了自己的房间、自己的床。当我哭闹时，母亲会赶来安慰我，但她极少陪我睡觉，除非是在我生病的时候。到了我应该学习穿衣吃饭时，母亲就不再替我把一切做好，而是放手让我自己尝试，她只在一边指导示范。

　　我3岁时，有一次一家人忙着出门去听音乐会。父亲让我自己坐在大门边的凳子上穿鞋。我穿了好一会儿也没穿好，鞋带还是松的。母亲眼看开幕时间快到了，着急起来，说：

　　"过来，卡尔，今天妈妈帮你穿，你穿得太慢了，不过以后可得自己穿。"

　　她把我抱过去，正想给我系鞋带，父亲阻止了她："不，不管有多急，还是应该让卡尔自己穿。"

　　母亲醒悟过来，不再催促我，而是耐心地说："你可以自己穿上的，慢慢来。你忘了，你已经是个大孩子了。"

　　我仍然系不好鞋带，不禁撒起娇来："我不会嘛，妈妈，你来帮我系。"

　　"你肯定能自己穿上。卡尔多能干呀，连衣服都会穿了，还怕系鞋带这种小事吗?妈妈闭上眼睛数十下,看你能不能穿上。"母亲继续鼓励我。

见撒娇无效,我干脆哭了起来,不再做任何努力。父亲于是对母亲说:

"既然卡尔穿不好鞋,那他就没法出门。看来他是不想去听音乐会,那么就我们俩去好了。"

我一听这话就嚷起来:"谁说我不想去?我要去!我马上就把鞋穿好。"

我知道我的哭闹不能引起父母的同情,只好独立尝试解决问题。结果,我就从那天起学会了系鞋带。

不光是这样的生活琐事,甚至一些其他父母认为孩子应付不了的棘手的事,父亲也放手交给我自己处理。

我8岁那年,每天要去镇上的老师那里上钢琴课,必须路过镇上学校所在的那条街。有一帮在那里横行霸道的坏孩子不知怎么盯上了我。一天,我又路过那里时,一个长得十分强壮高大的男孩子带了4个小一点的孩子拦住了我。他凶巴巴地对我大叫一声:"你给我站住!"

"你有什么事吗?"我问道。

"当然,"他大大咧咧地说,"我是来找你要钱的。"

"我为什么要给你钱?"我奇怪地问。

"哈,为什么?这个傻瓜居然问为什么?"他和那帮孩子哈哈大笑起来,接着他傲慢地说,"你没听说过我的大名吗?我叫大块头恩斯特,是这条街的头头。"

"那又怎么样?你凭什么向我要钱?"

"哼,凭什么,就凭我是这条街的头头。你去打听打听,学校里的孩子有哪一个敢不向我进贡。你每天都从这条街走,还想不交钱吗?"

"这条街又不是你的!"

"看来他确实是个大傻瓜!大块头恩斯特对手下说。"这条街就是归我管的,所有要从这条街走的孩子,一律得向我交钱。你也别罗嗦了,快把钱拿出来。"

"我没钱!就是有也不给你。你这纯粹是仗势欺人。"

一听这话，大块头恩斯特和他的手下一拥而上，把我逼到墙角上，对我拳打脚踢起来，一边打一边说：

"叫你知道我们的厉害！今天就饶了你，明天必须把钱拿来，不然你还要挨打，除非你再也不从这条街上过。"

我回到家就将今天的遭遇告诉了父亲，最后气愤地说："爸爸，你明天可要帮我好好教训他们，最好把他们抓起来，重重打一顿。"

母亲听说我挨了打十分心疼，也强烈要求父亲去帮我出气。哪知父亲一点也不生气，慢悠悠地问我：

"他们全是小孩子，对吧？"

"是的，那个大块头恩斯特大概比我大三四岁，其他的都跟我差不多大。"

"那么，这就是你们小孩子之间的事，爸爸这个大人怎么能参与呢？你应该自己想办法解决。"

母亲着急地说："那是一帮坏孩子呀！他们要打人的。你没听见卡尔今天已经被打了吗？这种事情小孩子可解决不了。不行，你要不去，我去！"

父亲高声说："你也不许去！你想让儿子变成无能无用的人吗？"

"可是——"

"放心！我们的儿子顶能干的。"父亲接着转过头来对我说，"卡尔，这件事你必须独自解决。知道爸爸为什么不帮你吗？第一，他们是小孩子，爸爸不能以大欺小；第二，有什么事就找爸爸是没出息的孩子，我不是从小就对你说自己的事必须自己解决吗？"

"是的，我知道，"我委屈地说，"可是他们人多，我打不过他们，每天又必须路过那条街，难道真的给他们钱吗？"

"我知道这件事对你来说确实很难。可是你现在还这么小，遇到的难题很有限，等你长大了，还不知会碰上多少多大的难题。如果你不趁现在学习独立面对，一切依赖父母，那以后又怎么办呢？难道我们还能陪你一辈子吗？爸爸相信你有能力解决这个问题。现在最要紧的是，别着急，发动脑筋，多想办法。你是打不过他们，可是你有一个比他们聪明得多的脑子，不是吗？你再想想，我们人类可比狮子老虎弱小多

了，为什么还可以打败它们呢？"

在父亲的教导下，我依靠自己想出了办法。第二天我去把学校里受他们欺负的孩子联合起来，几十人围起来把他们打了一顿。从此以后，大块头恩斯特和他的手下再也不敢欺负人了，我的小伙伴们再也不用向他交过路钱了。

有很多小神童，一旦离开父母便无所适从，生活上精神上都要出问题，这似乎是个常见的现象。然而，这种现象从来没在我身上出现过。即使后来远离双亲去国外留学，我对生活也能够应付自如。

因为，父亲从小对我独立能力的着重培养，使我自然而然地形成了自立自强的品质和独立自主、毫无依赖意识的精神和人格。

以挑战权威的创新精神面对人生

父亲认为天才的一个十分重要的精神气质是勇于开拓创新和敢于挑战权威。这种精神气质是创造力的源泉，而有创造力的人才称得上天才。

看看科学史我们就知道，历史上的伟人们大多拥有这种精神气质，才能做出一番了不起的事业来。

比如伽利略，一千多年来从未有人敢于质疑亚里士多德的学说，只有伽利略敢于挑战他的权威。亚里士多德说大小不同的铁球在空气中下落时，大球会比小球先着地；而伽利略却反驳说应是同时着地。当他提出自己的观点时，遭到了所有人的嘲笑和讥讽，人们都说：

"那是个疯子！亚里士多德怎么会错呢？他是真理的化身啊！"

然而伽利略丝毫不畏惧人们的反对，毅然登上比萨斜塔，当众做了试验。试验结果证明他是正确的，而一直被奉为金科玉律的亚里士多德的观点却是极大的谬误。

哥白尼也是这样的人。在他的时代地心说被公认为真理，是不容质疑的。他的思维却不为之所限，奋然挑战地心说的权威，开创了日心说，从而揭开了近代科学的新篇章，具有划时代的意义。

父亲常说在我们的世界之中充塞着大量的俗人，他们臣服于各种权威，只会人云亦云，没有任何属于自己的独特见解，他可不愿意把我教育成这种庸庸碌碌的人。所以，他从不用清规戒律来束缚我，更不用权威来压抑我。

我最近阅读了著名的神童、学者穆勒写的《自传》一书，发现他的父亲也如我父亲一样重视这一问题：

"我所受的早期教育有许多长处。很多青少年所受的教育是填鸭式的教育，他们的思想和观点都是被别人硬塞进脑子里去的，所以自己独立思考和创新的能力得不到发展。

我所受的教育并不是这样。我父亲反对填鸭式的教学方法。他的教育方法，不是让我跟在他后边拉着我走，而是让我跟他并排前进，或者尽可能地让我走在他前面。

凡是想一想就会明白的问题，他决不教我，而是说'你自己想想看'。当我确实想不出来时，父亲也非要在把我问得面红耳赤之后，才会给我解释。而且他也总是鼓励我创新思维。解题的时候，如果我用的是他教过的解法，即使全对也不会获得表扬，他只淡淡地说：

'哦，这道题做对了。不过，还可以再想想还有没有其他解法！'

而如果我是用自己想出来的新方法，哪怕有错误，也会得到他大大的表扬。就因为这样，我养成了一个习惯，无论做什么题，总是极力创出新的解法。

有一段时间，父亲因为实在忙不过来，再加上我十分向往学校生活，于是将我送进一所中学读书。然而没过多久，我就对学校教育彻底失望了。我的数学老师是个因循守旧而又陈腐的人，只信服书上说的东西。每当我提出自己的观点，总会受到他无情的驳斥。考试时，我明明解对了，只不过因为用了新的解法，他便给了我零蛋。

我垂头丧气地将试卷拿给父亲看，并告诉他学校的种种情况。父亲一看便勃然大怒，高声抱怨说：

'他想把孩子们全教成没有脑子、不会思考的鹦鹉吗？这种老师真是误人子弟！'

于是，我短暂的学校生涯立刻就结束了。我又回到家中，在快乐而自由的气氛中尽情地磨炼我的创新思维能力。"

父亲不仅在学习上采取了与穆勒父亲同出一辙的办法，还注意在生活小事中培养我的创新精神。

有一次父亲的一位朋友带着儿子兰道儿前来拜访我们，还特意为我带来了一份礼物——一副游戏拼图。兰道儿只比我大两岁，当大人们喝茶聊天的时候，我们很快便玩在了一起，似乎是一对从小一同长大的好朋友。

然而，在玩拼图游戏的时候，我们却发生了争执。起因很简单，我认为应该把一块红色的小方块放置在拼图的中间，因为那样比较好看。可兰道儿却不答应，他坚持应该按照图样来拼，还说我那样做是胡来，是错误的。

"可是照我这样拼明明比样本好看得多。你看是不是，是不是好看多了？"我大声抗议。

"胡说！这样真难看，难看死了！必须依照样本来拼。"

"为什么？样本还没我拼得好呢。"

"你这是不守规矩。我爸爸说人决不能违反规矩。只有坏人才不守规矩呢。你是个坏孩子！"

"我才不是坏孩子呢。我爸爸说规矩都是人定的，没什么了不起，只有勇于打破规矩的才是好孩子。"

"你胡说，你爸爸也胡说，上帝会惩罚你们的，不管怎么样，现在一切听我的，我说怎么放就要怎么放。"

"为什么我非要听你的？"我不服气地问。

"因为我比你大，比你懂得多，所以你必须服从我。"兰道儿理直气壮地说。

"我才不要听你的呢。你又古板，又胆小，一点自己的看法也没有，像个只会学舌的鹦鹉。说到懂得多，咱们可以比一比，你未必比得上我。"

听到我这样污辱他，兰道儿气得发疯，猛地扑上来把我按在地下，我们扭打起来。一见这情景，大人们急忙过来把我们拉开，询问发生了什么事。我和兰道儿都十分气愤，七嘴八舌地把刚才的事述说了一遍。

"啊，"父亲笑起来，"就为这点小事，两个朋友就打一架，这样可不好。卡尔，兰道儿是客人，你怎么能那样辱骂别人。现在，马上向兰道儿道歉。"

我不敢违拗父亲，心里却不大服气。不过，见我道了歉，兰道儿的气也消了，也向我赔了不是。见我俩都平静下来，父亲拉着我们坐下来，与我们一起玩拼图游戏。

看了我拼放的图样后，父亲问兰道儿："你真的认为卡尔的图样挺难看吗？"

兰道儿不好意思地说："不，并不难看，我只是觉得应该遵照样本来拼。"

"啊，知道吗，我认为卡尔并没有错呢。拼图游戏的目的就是鼓励你自己发动脑筋，学会灵活地思考问题，样本只是一参考而已，怎么能让它束缚你的思维呢？我总是教卡尔做事不能死板，要有自己的见解，所以卡尔今天这种不墨守陈规的做法是值得表扬的，你说是不是？"

"可是，我爸爸说人要守规则的。"

"对，人必须遵守一些属于上帝的最高规则，但却不要被它所束缚。否则，我们也许现在还过着野蛮人的日子呢。"

后来我听到兰道儿的父亲问我父亲："你这样教育孩子，是想把他们教成无法无天的人吗？"

"不，"父亲回答："我是想把孩子教成具有创新精神的人。这是成为一个优秀的学者、艺术家、科学家、政治家、军事家，甚至商人和农夫的必备精神。"

第九章

Chapter 9 **人生守则教育**

> 我要求你成为一个高尚的人，但不想让你变成一个什么都不会而只会读书的笨人。在我的心目中，能够掌握大量知识又有实际生活能力的人才是真正高尚的人。那种不能劳动也不热爱劳动的人，即使他有聪明的头脑，即使他拥有广泛的知识，也不算是一个高尚的人。

生命扉页上的人生计划

除了通常的日记之外，父亲还有一个专门记录我成长以及学习情况的记事本。据父亲说，在这个记事本中，可以找到我成长的每一天之中的每一个细节。

前不久，我看到了这个记事本，里面的内容令我深深感动，其中的某些内容也引起了我的注意。

父亲的记事本中有两顶内容，一项是他对我的学习所作的计划，另一项是我完成这些计划的实际情况。

比如，记事本的一页上写着：早晨 6 点起床，6 点 30 分去森林中散步，8 点开始学习外国语，9 点学习历史……另一页写着当天的实施情况：卡尔 6 点 10 分起床，晚了 10 分钟，因为感冒而没有去散步，8 点开始学习外国语，但延长了 5 分钟的计划时间，以致 9 点 10 分才开始学习历史……

当我成人后我问父亲为什么要做这样详细的记录时，父亲对我说：

"人的生命是有限的，必须作出严格而详细的安排，只有这样才会让你充分地利用时间而不会在不经意中浪费时间。我把实际情况与计划作对照，并作了详细的记录，正是为了督促你有效地利用时间。而且，只有作了这样详细的计划和记录才会使你真正感到时间是多么的宝贵，才能形成抓紧时间的好习惯。"

从这点完全可看出，父亲是个非常善于计划和安排的人。

我相信，父亲的这一做法对我的成长非常有利。因为我现在不仅是一个时间观念很强的人，也是一个善于安排自己生活的人。

我想，无论是成年人还是小孩子，生活中一定会有许多无关紧要的事，而且，正是这些不容易引起重视的小事在悄悄地浪费着宝贵的时间。所以，善于安排自己的生活，善于对自己的学习和工作作合理的计划是一件非常重要的事。

当然，在小时候，我并不知道父亲有那样一个独特的记事本，也不知道他对我的教育完全是在他计划和安排下进行的。但是，我现在完全能够理解父亲这一做法的重要性。

在我八九岁的时候，父亲开始有意识地让我自己安排自己的学习任务。在这之前，我的学习计划一直是由父亲代为安排的，或许他认为有必要让我学会自己计划，便在为我提出了大致的要求之后放手把这一任务交给了我本人。

刚开始的时候，我面对一大堆的课程简直无法着手。学语言应该用多长时间?学数学又应该用多少时间?上午做什么?下午又应做什么?这一切让我感到不知所措。

两三天之后，我不但没有对自己的学习计划作出合理的安排，还白白地浪费了宝贵的时间。

因为这几天我根本无法学习，把所有的心思和时间都花在了怎样计划的问题上。

在没有办法和感到无能为力的情况下，我不得不向父亲提出了抗议。

一天晚上，在餐桌上我对父亲说，"爸爸，你要我自己为学习作计划，真是没有道理的事，这真让我为难。"

父亲问："为什么呢?"

我理直气壮地说："我还是个小孩子,只能按照你的计划学习功课。我没有能力做这些你们大人才可以做好的事。"

父亲又问："怎么?你不相信自己的能力吗?"

我说："不是不相信,只是觉得现在这样做未免太早了吧!"

父亲想了想之后说："温斯梅卡三岁时失去了双亲,在哥哥的抚养下长大成人,最终成为一个非常富有的银行家。我想,他小时候一定没有人为他计划一切吧!"

我说："那一定是他哥哥帮他计划的,一定是这样的。"

父亲说："那么你去看一看温斯梅卡的传记吧,等你看完后就会明白他是怎样成长起来的。"

说完,父亲不再就这个问题与我争论,而是自顾用他的晚餐。

晚饭后,我立刻去书架上寻找温斯梅卡的传记,找到后便急不可待地读了起来。当我读完传记中的童年部分时,我立刻为自己感到惭愧。因为温斯梅卡的哥哥是一个没有受过教育的人,他根本不识字,是一个搬运工人,他能做到的只是用自己的爱心和拼命地工作来抚养弟弟温斯梅卡。

很显然,温斯梅卡的哥哥没有为他作过任何的计划,也没有代替他做任何的事。据书中讲,温斯梅卡在6岁时被哥哥送到了一所慈善学校,以便接受最基本的教育。即使这样,温斯梅卡仍然在慈善学校中学到了许多令他终生受益的知识。

在学校中,温斯梅卡不但自己学会了基本的生活技能,还学会了如何自己照顾自己,以及如何对自己的未来作计划。正因为这样,这位出身贫寒的孩子终于成为了一个非常富有的人。

完那本传记后,我被温斯梅卡的经历深深打动,也真切地感到了自己是多么的幸运,也为自己向父亲提出那种抱怨感到羞愧。

当时,我没有向父亲讲述我的内心感受,只是悄悄地尽最大的力气去学会自己为自己安排学习计划。

开始时,我感到非常困难,但没过多久,我渐渐地掌握了一些规律,最终为自己的学习作出了合理的安排。

当我把一份安排得非常合理的计划表交给父亲时，父亲微笑着对我说："你看，这也并不是什么难事呀！现在，你能为自己作计划了，爸爸真为你感到高兴。"

在以后的日子里，为自己的工作和学习作出合理的安排已经成为了我的习惯，这是我一步一步通向成功的先决条件。

守时原则

一般来说，小孩子都很少有时间观念。特别是年龄幼小的孩子，他们无论做什么都只是任性而为，想到什么就立刻做什么，既没有安排也不知道时间的重要性。

虽然在小时候被人称作"神童"，但我也和大多数孩子一样根本不知道什么是时间，也不知道遵守时间是一个高尚的人应该具备的素质。

父亲多次对我说："**遵守时间是一种高尚的品德，你应该养成守时的习惯**"，但我仍然对此毫无认识也毫不重视。

有一天，我和父亲约好下午三点去纽兰村钓鱼。纽兰村是离我们居住地不远的村子，那里有一条流动缓慢的小河。由于这条河中生长着各种鱼类，渐渐就成为人们度周末的地方。

每到周末，附近几个村庄的人们都会聚积在纽兰村的小河边，一边钓鱼一边聊天。也有许多人在这里举行野外宴会。每到此时，那里总会充满欢声笑语，像过节一样。

由于我事先与小伙伴海因里奇约好去他家看他最近画的一些图画，我便与父亲商量好先去海因里奇家看完画后再回家与父亲一同去纽兰村。

或许我在海因里奇家玩得太高兴，不知不觉忘记了与父亲约好的时间。当我回到家时已经快到三点三十分了。

我一进家门就看见父亲一副生气的模样，他坐在院子里的椅子上，身边放着早已准备好的渔具。

"爸爸，我回来了。"

"卡尔，你知道现在几点了吗？"父亲不高兴地问。

"大约三点过一点儿吧。"

"什么？三点过一点儿？现在都已经三点二十分了。"父亲说，"我多次告诉你要成为一个守时的人，难道你觉得这是一件并不重要的事吗？"

听父亲这样说，我心想"你这不是小题大作吗？"虽然我不敢直接否定父亲的观点，但我仍然尽力辩解："我和海因里奇多玩了一会儿，也没晚多少时间呀！我们现在去钓鱼，也不会太晚呀！"

父亲并没有多说什么，拿起渔具就向门外走去。

在路上，父亲不再提要我遵守时间的事，而是给我讲了许多钓鱼的方法和一些水生物的知识。

到了纽兰村的河边，父亲对我说："卡尔，今天我带了两套渔具，我们各自钓鱼。我现在到上游去，你就在这儿。六点钟我们在这里碰头，你可不要走得太远了。"

说完，父亲便向上游走去。

钓鱼真是一件有趣的事。由于我今天刚刚学会，兴趣就特别浓。在不知不觉中，时间很快过去了。

也不知过了多久，我发现周围的人们已经开始在河边的草地上摆设起了桌子和凳子，他们已经开始准备野外的晚餐了。

我向河的上游望了望，仍然不见父亲的影子，向其他钓鱼的人询问，才知道现在已经快七点了。

父亲不是和我约好六点回来的吗？可现在已经快七点了，这是怎么回事？我有些着急了。

现在我感到有些饥饿，根本没有钓鱼的兴致和精神，只是不停地向上游张望。大约又过了半小时，我终于在暮色中看到了父亲的身影。

"爸爸，爸爸。"我急忙向父亲来的方向奔跑而去。

父亲似乎根本没有注意到他已经超过了约好的时间，只是不停地说："你看，卡尔，今天我钓了很大一条鱼。上游的水质好极了，那儿有更多更好的鱼，下一次我一定带你去。"

见父亲满不在乎的样子，我有些生气了："爸爸，你说六点回来，可现在已经几点了?真是急死人了。"

这时，父亲才放下手中的渔具和新钓来的鱼，他严肃地对我说："卡尔，你现在也知道了不守时的害处了吗?不遵守时间的人常常会给别人带来麻烦，也会给自己带来麻烦。我不遵守约好的时间会让你感到着急和不愉快，那么你不守时又会让我有什么样的感受呢?"

"噢，原来你是在报复我呀!"我生气地把脸转向了一边。

父亲拍了拍我的肩膀，和蔼地说："卡尔，爸爸并不是报复你，而是故意用这种办法让你对此有亲身的体验，我想让你明白不守时会有什么样的危害。"

在父亲对我的教育中，这种让我有亲身体验的办法比那种光讲大道理的方法要多得多。父亲总是用事实让我明白某些事。

从此以后，我改掉了不守时的坏习惯，从而变成了一个时间观念很强，严格要求自己的人。

拿起来就不要轻易放下

父亲总说，精益求精不仅是一种必须的学习工作态度，也是一种作人的良好习惯。只有事事做到精益求精的人才有可能取得令人赞叹的成就。

我们的生活中有不少大而化之的人，他们无论学习还是工作都给人"不可靠"的感受，因为他们在做每一件事时总不能尽全力去将它做得完善，致使他们的工作总是拖拖拉拉，满身缺点。

据我所知，只要是在某一领域取得良好成绩，作出突出贡献的人，从小无一不是精益求精的人。

无论在工作上还是在生活中的小事上，他们都严肃而认真地对待，他们具备的精益求精的好习惯往往是他们取得成功的重要条件之一。

精益求精在艺术领域里表现得尤为突出，也显得尤为重要。

达·芬奇绘制《蒙娜丽莎》花费了四年的时间，这正是他精益求精的表现；莫扎特写《费加罗的婚礼》时修改了八十四次，虽然每一次的改动都很小，但这足以证明他是如何地严格要求自己的作品。贝多芬创作的《欢乐颂》，据说是他一个小节一个小节慢慢构思而完成的。我们都知道《欢乐颂》听起来一气呵成，气势磅礴，但有谁知道它是贝多芬花了多少心血仔细琢磨而成的呢？

只要认真研读一下这些伟大的作品，我们不难发现其作者用心之细，创作之精。完全可以这样说，世界上任何一种美好的事物都是通过精益求精的劳动完成的。上帝创造了世界，使我们的世界多姿多彩，充满生机，也创造了人。这种高级的灵物，没有通过精益求精的劳动，我想根本不可能做到。

小时候，我有许多功课以外的爱好，绘画就是其中之一。

绘画不仅在婴幼儿时期对我视觉发展起到了良好的作用，在我稍大之后，也为我其它方面的发展作出了贡献。

可能有人会说，绘画是视觉艺术，能培养孩子的视觉感受力量是很正常的事。难道还能对其它方面有什么益处吗？

我可以肯定地说，不仅绘画，只要是有意义，健康的爱好都会对孩子的全面发展起到有益的作用。

怎样才能做到这一点儿呢？我想关健还是在施教者如何利用它们。我可以自豪地说，我的父亲就是这种善于利用一切条件的优秀施教者。

一天黄昏，我按照计划在花园里用彩色铅笔描绘落日下的花朵。

或许因为我知道太阳就快要下山了，心里就自然很着急，想迅速地把画画完。可是，很多事总会与人的愿望相背。我越着急，就越画不好，也越不能尽快完成。

在这种焦急的情况下，我产生了一种懒惰的念头：尽快画完吧，画得差一点也没关系，反正没有谁仔细看。

于是，我在这种心态的促使下随随便便地完成了那幅画。

晚饭后，父亲要我把今天的画拿给他看。

父亲一看画面，就知道我没有用心完成这幅画。虽然这样，他仍然不动声色地说："卡尔，你画的这些东西是什么呀?!我简直看不懂。"

我说："是花园中的花朵。"

父亲摇了摇头:"不像,这哪里是什么花朵呀,完全就是一团团乌云。"

我说:"不,这是花朵。因为天快黑了,我看不清它们的细节,只能画成这样。嗯,这是夜幕降临前的花朵。"

"什么?这就是夜幕下的花朵吗?"父亲大声地问。"

"是呀!"

"我从未见过这样的花朵,难道你认为在夜幕下鲜花就变成乌云了吗?"父亲问。

"夜幕下什么也看不见,当然看起来就像乌云了。"我辩解道。

这时,父亲把我带到了书房,指着一幅达·芬奇的画对我说:"卡尔,你仔细看一看,看看达·芬奇怎样画夜色中的花朵。"

达·芬奇的画我当然很熟悉,知道他最善于画那些不为平常人注意的某些细节。在这幅著名的《岩间圣母》中,那些虽然处于阴影中的花朵仍旧焕发着它们诱人的风彩。

父亲问我:"你知道你和达·芬奇的区别在哪里吗?"

我说:"当然知道,他画的东西包括一花一草都充满灵气,而我画的太幼稚了。"

父亲说:"在我看来,这种区别并不是最重要。达·芬奇是文艺复兴时期的绘画大师,他有如此优秀的作品是很正常的事。"

我问:"那么,我和他的区别在哪里呢?"

父亲说:"你和他最大的区别不在于绘画水平上,而在于态度上。"

听父亲这样说,我似乎感觉到了什么,但仍然没有完全明白。

父亲见我迷惑不解的样子,便耐心地对我说:"卡尔,你仔细想一想,为什么达·芬奇画的花是那么的生动逼真,而你画的花都像乌云一样呢?我认为这完全是因为你没有仔细地观察花的形态结构,没有以精益求精的态度去对待你的画。我想,刚才你在画那些花朵的时候一定不认真吧,以为天快要黑了就匆匆了事吧。"

父亲一语说中了我画画时的心态,这使我感到羞愧难当。

我一言不发地低下了头。

这时,父亲像往常那样摸了摸我的头,以平时那种宽容的语气对我说:"卡尔,你一定要记住。无论做任何事都永远不要为自己找借口,无论做什么事都要以精益求精的态度严格要求自己。因为只有这样,你才有可能做好你想做的每一件事。"

那天晚上,我仔细地考虑了父亲的话,并为以后的绘画作了打算。

第二天清晨,我一起床就跑到花园仔细观察晚上画的那朵花,并仔细琢磨应该怎样描绘它。

到了傍晚时,我又坐在了那朵鲜花的面前。由于我对花的结构和形态已经完全了解,画起来得心应手。所以我现在不必再考虑怎样画准形态,只考虑它在落日下的感觉就行了。

晚饭之后,我没有立刻把这张画拿给父亲看,而是在灯光下继续修改它,力图做到精益求精。

从此以后,我养成了精益求精的习惯。

为独立而劳动

我进入哥根廷大学这时,刚刚过完九岁的生日。与其他同时进校的大学生相比,我简直是个不起眼的小不点儿。

当时有人问我父亲:"威特先生,您的儿子这么小就上大学,恐怕需要你时刻陪伴他吧?"

也有人说:"大学是需要有独立能力的呀,小卡尔可能会受不了的。"

其实,说这些话的人完全是太多虑了。在大学生活中,我并没有时刻要求父亲陪伴我,也没有让父亲为我打理一切。相反,虽然那时只有九岁,我已经完全能够独立地生活了。

我不仅自己到学校的公共浴室洗澡,还自己清洗换下来的衣物。顺便提一下,在我上大学时,还没有现在大学中的那些优越的条件。现在的大学中,有专门为学生清洗衣物和床单的部门,也有专门为学生提供清扫房间等服务的专职人员。可是,在我上大学时,这一

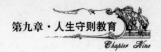
切都需要学生们自己动手。

由于我年龄很小，也因为我是个勤快的人，我得到了同学们的称赞。许多人认为我是个天生爱劳动的孩子，其实真实的情况并非如此，这完全归功于父亲对我的教育。

在上大学的前两年，也就是我只有七岁的时候，我仍然是一个一切都需要父母帮助的孩子。

在家里，我从来不会真正地帮母亲和女佣做家务，即使有这样的时候，也只算是一时兴起的玩耍。我真正意识到应该自己做自己的事并帮助家人干活是从一个礼拜日开始的。

那一天，我们的女佣因事回家去了，由于平时的大部分家务都是由女佣完成，这样一来，母亲不得不自己全揽家务活。

巧的是，那一天母亲因身体不适而无法做家务。父亲又去另外一个教区办公事去了。家里只剩下我一个人是可以干活的人，可是，我当时并没有认识到这一点。

我和平时一样独自在书房中学习，根本没有想到今天家中的情况与平时不一样。直到我的肚子开始"咕咕"直叫的时候，我才发现今天没有人来叫我出去吃饭。

我走出了书房，大喊女佣的名字。

母亲听到我的喊叫声，便尽量大声地对我说："卡尔……卡尔，别喊了，她因事回家去了。"

我走到母亲的卧房中，看到母亲正躺在床上休息，看起来精神很差。

我问母亲，"妈妈，这是怎么回事呀。我的肚子饿了，可是居然没有人做饭。"

母亲说："对不起，妈妈刚才睡着了。现在我就起来给你弄吃的。"

说着，母亲便想从床上起来，但她刚支起身子便立刻倒了下去。

"妈妈，你怎么啦？"我急忙问道。

"唉，妈妈没有力气呀！这可怎么办？！"妈妈喘着气对我说。

虽然我对母亲充满了关切之意，但由于年龄太小，当时真不知应该怎么办。

这时，父亲回来了。

他一进门就来到了母亲的卧室。

"怎么?病得很重吗?"父亲关切地问母亲。

"没有什么，只是浑身没有力气。"母亲小声地说道。

看到这种情况，父亲立刻知道我们都没有吃饭，便对我说："卡尔，妈妈病了，你怎么也不照顾一下呢?为什么不自己去做饭呢?妈妈卧床不起，你应该去弄一点玉米粥才对呀!"

"我……我……"对于父亲的责问，我真是无言以对。

看见我傻乎乎的模样，父样说："卡尔，别出神了，现在和我一起到厨房去做饭。"

说着，父亲把我带到了厨房里，要我给他作助手。

看见父亲娴熟的动作，我感到非常的吃惊，因为我长这么大从来不知道身为牧师的父亲居然对做家务有那么精通。

我问父亲："爸爸，原来你也会做饭呀，你是什么时候学会的?"

父亲说："你以为我们家从一开始就有女佣吗?在我和你母亲都很年轻的时候，我们什么都没有，一切都要靠自己。"

我说："我还以为一个有文化的上等人不需要做这些粗活呢!"

父亲听我这样说，立刻停下了手中的活，他严肃地说："上等人?什么是上等人?上帝创造了我们，虽然有高贵和低贱，贫穷和富有之分，但这些都是人类自己造成和自己强行划分的。

实际上，在上帝面前，我们每一个人都是平等的。"

我不解地问："那么，您为什么一直要求我成为一个高尚的人呢?你要我学习那么多的知识不就是要我成为一个上等人吗?"

父亲说："对，我要求你成为一个高尚的人，但不想让你变成一个什么都不会而只会读书的笨人。在我的心目中，**能够掌握大量知识又有实际生活能力的人才是真正高尚的人**。那种不能劳动也不热爱劳动的人，即使他有聪明的头脑，即使他拥有广泛的知识，也不算是一个高尚的人。"

我仍然不能理解父亲的话，便不解地问："可是，劳动、做家务活对于一个受到过良好教育的人有什么用呢?我们可以雇人为我们做

这些事呀！"

父亲说："你真蠢！今天的事还不能给你一个教训吗？我们的女佣离开后，你还没有尝到苦头吗？"

听到父亲的这句话，我恍然大悟。

在这之后，我对劳动有了很深的认识，并养成了爱劳动的习惯。因为我认识到，虽然，在很多情况下会有人帮助我做某些事，可是一旦失去了这些帮助，一切还是需要依靠自己的能力。

第十章

**我是在父亲的"游戏型成长"
教育实践中长大的**

> 我想，连动物都知道在游戏中锻炼自己，训练技能，我们
> 人类为何却不明白这个道理，非要孩子在枯燥无趣的状态下学
> 习呢？为了儿子能始终快乐地学习，我意识到必须利用这种绝妙
> 的学习方法。可以这样说，我对卡尔的早期教育几乎都是采用
> 游戏的方式进行的。

"寓学于戏"教育理论与实践

父亲在对我的早期教育训练中，做游戏是最常运用的教育方式，
因为父亲深深了解游戏对于孩子的意义。

小孩子的天性是喜欢有趣，喜欢自由的，因此他们最喜爱的便
是游戏玩耍，如果不能游戏玩耍就会感觉不快乐。而且，他们也正
是通过游戏来向世界学习的。父亲从来就认为如果不能通过游戏使
孩子及时学到知识，那将是最大的浪费。

在他的《卡尔·威特的教育》这本论著中，父亲专门论述了游戏
的重要性：

"游戏是动物的本能，所有动物都喜欢游戏，小猫戏弄老猫的尾巴，
小狗和老狗互相吵架，这是为什么呢？根据动物学家的研究，小猫戏弄
老猫的尾巴，是为了发展它将来捕捉老鼠的能力；而小狗和老狗互咬，
也是为了发展它将来咬死野兽的能力。

确实，动物的这种生存能力的学习都是在玩耍中进行的。有一天，

我看到家里的一只小猫在院子里不停地奔跑跳跃，一会儿在地上打滚，一会儿去咬自己的尾巴，一会儿又兴致勃勃地扑咬地上的一个毛球。这情景让我深受启发。要知道，那只小猫不光是在玩耍，它更主要的是在锻炼自己作为捕鼠能手的各种能力。

我想，连动物都知道在游戏中锻炼自己，训练技能，我们人类为何却不明白这个道理，非要孩子在枯躁无趣的状态下学习呢？为了儿子能始终快乐地学习，我意识到必须利用这种绝妙的学习方法。可以这样说，我对卡尔的早期教育几乎都是采用游戏的方式进行的。"

我后来因为也要教育儿子，必须学习父亲的方法，所以曾让父亲详细地给我介绍过他当年在我身上施行的那套方法。现在就在下面一一介绍。当然这并不是说必须一字不改地照搬他的办法，每个人施行的时候都可以灵活创新，我在教育儿子时就根据情况创出了一些新的方式，但宗旨是不变的，就是一定要让孩子在游戏中轻松学习。

我想，对于一个幼小的男孩子来说，再也没有比想成为一个将军更大的愿望了。至少，在小时候，我有这样的梦想。

有一天，我的好伙伴希里特尔和昆斯来找我，说他们组织了一次巨大的"军事行动"，问我愿不愿意参加。

对于这样的提议，我当然乐于接受了。大致听了他们的想法之后，我立刻表态愿意参加他们的"行动"。

希里特尔对我说："卡尔，我知道你读过很多书，一定了解古代的那些伟大的战争，请你给我们出个主意吧，看看我们应该怎样安排这次行动。"

昆斯说："是的，上次我们的那个'战斗'一点儿也不好玩，还是老一套。这一次我们一定要想出一些新的玩法，否则就太没有意思了。你说对吗?卡尔。"

这时，以前在书中读到过的故事都一个个地在我的脑子里闪现。但始终没有一个可供我们模仿的对象。因为那些故事要么太残忍，要么需要太复杂的道具，都不是我们应该模仿的。最后，我决定自己策划一场"战争"。

拿定主意后，我对希里特尔和昆斯说："这样吧，我们这次不要像以前那样'打打杀杀'，干脆来玩一个'文明战争'。"

听到我发明的"文明战争"这个词汇，希里特尔和昆斯立刻表现出极大的兴趣。他们异口同声地问："快说呀！卡尔，我们怎样来进行这场'文明战争'。"

我想了一想后说："我们以村外的那个磨房为攻击目标，把它想像成一座大城堡。然后我们召集所有的小伙伴对它进行'攻击'，但不是以前的那种'拼杀'，而必须用'智取'。"

昆斯问："怎么智取呢？"

我说："首先，我们将伙伴们分成敌我双方。一方呆在城堡中，一方埋伏在战堡之外的田野中。呆在城堡中的一方在城堡四周100米的范围内用石块作许多标记。然后，城堡外的一方便向城堡进军，如果在没有发现的情况下每一个人都进入了城堡的范围就算获胜。如果被战堡里的人发现了，就算攻击失败。"

希里行尔听完我的计划，顿时欢呼起来："这个法子真有趣，我们就这样做。"

昆斯说："那么我要求是在城堡外的一方，我想我一定不会被人发现。"

希里特尔说："可以，我就是城堡内的一方吧，我准能看见你。"

这时，我突然想出一个新主意："在城堡内的一方也不能让对方看见。否则，也算输了。"

希里特尔说："这怎么可能呢？城堡外的人可以利用树林和石块来藏身，城堡里的人如果探头就会被发现，又怎么可能看见外面的人呢？这不公平。"

我说："怎么不公平？这就是我们这个游戏的难度所在。如果太容易了，又有什么意思呢？"

希里特尔说："那么，你呆在城堡里，我看你怎么样既使不探出头来也能看见我们。"

我爽快地说："好吧！就这样吧！"

虽然我答应得很爽快,但对这件事却没有把握。怎样才能做到既能把自己隐蔽得很好,又能发现对方呢?这的确是个难题。

希坦克特尔和昆斯走后,我开始犯愁了,想了许久也没有想出个绝妙的办法来。

晚饭时,我把这个游戏的规则告诉了父亲,希望他能帮助我。

父亲说:"你的这个战争游戏很有创意,但同时又为自己出了一个难题。不过,这也不是完全不能解决的问题。"

听父亲这样说,我立刻问道:"爸爸,那么我应该怎么做呢?"

父亲说:"你想要看见对方,必须要把脑袋伸到门口和窗口,这为什么呢?因为你的目光不会拐弯。要想既把自己隐蔽得很好,又能清楚地看到对方,惟一的办法就是让你的目光拐弯。你想想看,怎样才能做到这一点。"

我迷惑不解地看着父亲,等待着他的解答。可是,父亲说到这里便停住了。

"爸爸,快告诉我怎么办呀!"我迫不及待地说。

父亲说:"我已经给了你提示,如果完全讲清楚,那还有什么意思呢?"

我知道父亲不再考我了,便不再追问下去,而是顺着父亲的思路想办法。

那天晚上我想了很久,但始终没有想出一个好办法来。这可真把我愁死了,因为第二天就要玩这个战争和游戏,如果输了,那多难为情呀!

第二天早上,我仍然为这个难题而发愁。我想,如果被自己出的主意难住了,一定会被小伙伴们笑话的。

虽然这件事令我好生犯愁,但最终我还是找到了解决问题的办法。当我在镜子前照脸的时候,我发现了这个绝妙的办法。

在去玩这个游戏之前,我偷偷地将母亲的那面小镜子藏在了我的衣服里。

游戏开始了,希里特尔和昆斯以及其他的小伙伴开始进行对"城堡"的攻击。他们一会儿藏在大树后,一会躲在草丛中,自以为一定不会被我发现，因为他们并没有看见我从磨房的窗上探出头来。

事实上，他们的一举一动完全被我看得清清楚楚。起初，我没有指出他们，等到他们快要进入我的范围时我才大声地喊出他们每一个人的名字。

"希里特尔，我看见你了。你现在已经到了标记前。你的头上戴着一顶用树枝编的帽子。"

"昆斯，你别躲了。你现在在战堡的右边，手里拿着一根木棍，上面绑着一块红布。"

"哈斯因奇，你认输吧，别把手中拿的弓箭弄坏了。"

……

小伙伴们见我说出了他们的具体情况，认定我已经发现了他们，便认输了。

这件事令伙伴们大为惊讶，游戏结束后，他们七嘴八舌地议论起来。

"卡尔，你是怎么看见我的？"

"不可能呀，我怎么没看见你呀！"

"对呀，你并没有从窗口伸出头来呀！"

"是不是磨房的墙上有条缝。"

"哪有什么缝，我刚才检查过了。"

看到大家惊诧不已的模样，我一边笑一边从衣袋里拿出了那面小镜子。

"告诉你们吧，我是从镜子里看见你们的。"我向他们解开了这个秘密，也感到了获胜者的自豪。

回家后，我把这件事告诉了父亲。

父亲听完我的讲述，高兴地对我说："卡尔，你真是个聪明的孩子。可是你知道为什么通过镜子能看见直接用眼睛看不见的东西吗？"

我说："因为镜子能让目光拐弯。"

父亲问："是这样的，但是，你知道这是什么原因吗？"

接着，父亲便给我仔细讲解了镜子折射光线的原理。就这样，我通过亲身的经历对光学有了更深的认识。

一般人认为，游戏仅仅是孩子的一种娱乐方式。其实，如果是聪明的人，就一定会在游戏中学到许多知识。

这件事仅仅是我幼儿时期许许多多有意义的游戏之中的一个例子。这样的例子还有许多许多。

"我想和别的孩子一起玩"

父亲在他的教育论著中发表许多独特的见解，许多观点现在已经被人们广泛接受，也被人们广泛地运用到实际教育之中。

父亲曾经提出过这样的观点：让孩子们一起玩是有害的做法。父亲的理由是，让孩子们在一起玩耍会使孩子之间相互沾染上各自的坏毛病。

虽然我在与伙伴们一起作游戏中学到了许多知识，父亲仍然坚持他的观点。他认为，即使在这之中能得到一些益处，但也是得不偿失。

说实话，对于父亲这一观点，我至今无法理解。我不知道父亲究竟是怎样看待这个问题的，但无论如何，我想父亲之所以持这种观点一定有他自己的道理。

在很长一段时间里，父亲不让我与任何其他孩子接触。虽然他主张我作游戏去玩耍，但仅限于在他的陪伴下。

父亲曾对我说："卡尔，我完全理解你的心情，你想和其他孩子一起玩是很正常的事情。我知道天下所有的孩子都有这个愿望。可是，小孩子都会有这样那样的毛病，我之所以不让你与他们玩，就是担心你跟着他们学到不好的东西。如果你沾染了他们的坏毛病，后果是非常可怕的。因为一个人学好很难，学坏却非常容易。不要怪爸爸无情，你要知道，这都是为你好。"

虽然父亲是为我着想，但他的这种做法的确让人感到难受。虽然他时常陪着我玩，也和我一起做游戏。但不难想像，我一个只有几岁的小孩子成天看到的是一个显得有些苍老的脸，那是多么的无趣。

为什么父亲会这样做呢？我想这是因为我曾经交往的一个小伙伴不那么优秀的缘故吧。

在我大约三岁左右的时候，我曾和邻居家的孩子泰勒非常要好。或许因为泰勒的父母都是没有受到良好教育的人，所以致使泰勒没有形成良好的习惯。

这些事现在我已经不记得了，是母亲在多年以后告诉我的。

母亲告诉我，泰勒不仅不爱学习，而且时常说脏话。在那一段时间里，由于我和泰勒经常在一起玩，也不知不觉地沾上了说脏话的毛病。

对此，父亲当时并没有引起重视，认为这不是不可改变的事，便没有对我太多干涉，只是时常提醒我不要说脏话。

可是有一天，发生了一件较为严重的事，才使父亲下决心禁止我与泰勒交往，不仅如此，他也下决心不让我与其他孩子交往。

事情是这样的，那天母亲正在家里为我收拾房间。正当她想为我的房间换上新窗帘时，突然听到我的哭声。

母亲急忙从房间中跑了出来，看见我坐在客厅的椅子上伤心地哭着，额头上多了一个红红的肿块。

母亲急忙问我："卡尔，这是怎么啦？"

原来，那一天我和泰勒由于产生了矛盾而发生了一次激烈的争吵，最终以致于相互扭打起来。

泰勒用一根小木棍打中了我的头。

这样一来，父亲认定这就是由于让小孩子们一起玩造成的。

他对母亲说："小孩子都是不懂事和没有理智的，让他们一起玩难免会发生这样那样的坏事。为了不让卡尔以及别的孩子受到伤害，惟一的办法就是禁止让他们在一起。"

于是，父亲的禁令就下达在了我的身上。

我不知道当时的情况是否有母亲描述的那么严重，但我想，母亲一定不会骗我。

反正，在我的印象中，小时候的确有一段时间我完全是在父母的陪伴下度过的。

记得在五岁多时，我对父亲的这种禁令提出了抗议。因为我实在太想与其他孩子一起玩了。

每当看见孩子们聚集在一起做游戏时，我都会羡慕不已。

有一天，我鼓起勇气对父亲说："爸爸，为什么不让我与那些孩子一起玩？我真想和他们在一起呀！"

父亲对我说："他们都是些坏孩子，和他们在一起，你会学坏的。"

对于父亲的话，我真是不能理解，但是我又没有办法说服他。

第二天，我独自去田野散步。我被一只美丽的蝴蝶所吸引。不知不觉地走到了离家很远的地方。

正当我玩得高兴的时候，一条黑色的狗突然向我冲了过来。当时，我简直吓呆了，站在那里一动不动。

眼看那条狗就要向我扑来，突然之间，一块石头从旁边飞来砸在了它的身上。那条狗受到了惊吓，立刻跑开了。

这时，我才发现身旁多了一个人。他是一个年龄比我稍大的男孩子。

"你是卡尔吗？怎么跑到这里来啦！"他走过来拉住了我的手，"你不认识我了吗？我的老朋友。"

我摇了摇头，迷惑不解地看着他。

"我是泰勒呀！你难道认不出我了吗？"

原来，这个孩子就是曾经打过我的泰勒。但是，事隔两年，我对那件事已经毫无印象了。然而，由于泰勒比我大两岁，他把过去的事全都记得清清楚楚。

回到家后，我把这件事告诉了父亲。

父亲听完我的讲述后，深深地叹了一口气，他感叹地说道："看来泰勒也不是个一无是处的孩子。"

在这以后，父亲不再禁止我与其他孩子一起玩，只是要求我有限制地与他们接触。

现在想起来，父亲的某些观点有其片面性和局限性，仅管这完全是出于他对我的关心和爱护。

但无论怎样，父亲的教育观念仍然是有意义的。因为父亲在他的那个年代里已经做到了其他人根本无法做到的事。

在玩耍中进驻社会生活

由于父亲禁止我与其他孩子交往，使我产生了一种错误的认识，即其他孩子肯定都是坏孩子，不然的话，为什么父亲不让我与他们一起玩呢。

但是，由于前面提到的那个曾经打过我的泰勒。又在几年后帮助了我，这才使我对这一问题有了新的认识。

在这之前，我认为别的孩子都一无是处。然而，泰勒的表现确实使我感动，因为我突然发现，这个世界上除了我自己以外，还有许多优秀的孩子。就从泰勒来说，无论怎样，他至少是一个勇敢而乐于助人的孩子。

由于这一件事，父亲放松了对我的禁令，这使我更加渴望与其他孩子交往，我也有了这样的机会。

我们都知道，只要与人交往，就一定会产生矛盾。社会是由人组成的，是一个极其复杂的群体。每一个人都有不同的想法，也有不同的思考方式。更何况，人们总是以自己的利益出发，以自己为中心看问题。我们为了在社会中生存，又不得不与人打交道。

我想，如何与他人和谐地交往、愉快地相处是每一个人都在生活中时时思考着的问题吧。

有人说，学会与人打交道，这是成年人的事，小孩子根本没有这个必要，至少要等他们长大之后再考虑。我不同意这样的说法，因为尽管孩子年龄还太小，不完全懂事，但他们的独立人格已经形成。有了独立的人格，便一定会在许多时候都以自己为中心对待周围的人和事。

我之所以在三岁时就和比我大两岁的泰勒产生矛盾，并以打架而告终，正是没有学会如何与人打交道的表现。

在前面我已提到过，父亲虽然取消了我与其他孩子交往的禁令，同意我与他们有限制的接触。但这也意味着，即使我能与其他孩子做游戏，也必须在父亲的监督和指导下。

当然，父亲的这种做法看似苛刻，其实却对我大有好处。

有一天，我和一群小伙伴在一起做游戏。由于其中一个孩子对人太粗鲁，我便上前指责他：

"沙罗德，你真是个没有教养的人。怎么能这样对待朋友们？"

沙罗德不服气地说："卡尔，这又没你什么事，你管那么多干什么？"

我说："我就是看不惯你这种人，什么本事都没有，只知道欺负别人。"

沙罗德说："怎么？看不惯是吗？我就是这种人，我还要欺负你呢！"

这时，沙罗德的父亲走了过来："喂，小子们，你们在吵什么呀？"

沙罗德说："卡尔这小子多管闲事。"

对于沙罗德那种不礼貌的说话方式，他的父亲并没有加以指责，只是轻描淡写地说了一句：

"好了，别闹了，自己玩自己的吧。"

见他这样说，我认为做父亲的人不应该如此不负责任，便对他说："曼纽尔先生，您儿子沙罗德不懂礼貌，难道你就不管他吗？"

曼纽尔先生看了看我，不高兴地说："什么？你说什么？就凭你，还想教训我？我看，你才是个没礼貌的孩子。"

曼纽尔先生的态度让我感到生气，便不加思索地说："有其父必有其子。"

听我这样说，曼纽尔先生气愤极了。这时他看见我父亲正在不远处，但大声说道："威特牧师，你的宝贝卡尔在教训人呢！这是你教的吧。"

父亲微笑着向我们这里走来。

他若无其事地对曼纽尔先生说："曼纽尔先生，你也在参加孩子们的游戏吗？"

曼纽尔先生先是一愣，然后疑惑不解地问："怎么？他们是在玩游戏？"

父亲说:"当然,他们是在玩指责不礼貌行为的游戏。你能参与,孩子们一定高兴极了。对吧?孩子们。"

这时,本来满脸气恼的曼纽尔先生顿时平和起来,他笑着对我说:"原来是这样呀,小卡尔,你敢于指责坏行为,真是个好孩子。"

就这样,本来那种令曼纽尔先生十分尴尬的局面顿时烟消云散。不仅曼纽尔先生,就连他那个平时十分粗野的孩子沙罗德也急忙向我表示言归于好。

事后,我问父亲当时为什么把曼纽尔先生父子的粗鲁行为说成是在玩游戏。

父亲对我说:"其时,曼纽尔父子心里都知道自己有不好的习惯。当时你直接了当地批评他们,这是他们很难接受的事。特别是曼纽尔先生,一个做父亲的人,居然被你这样一个小孩子大加指责,他一定会觉得很没面子。这样做,不但不能使他们改正缺点,反而会把事态搞得更加严重。我之所以那样说,完全是给曼纽尔先生一个可下台的台阶。这样一来,他不仅保住了自己的脸面,也能够真正认识到自己的错误。"

父亲真是一个机智的人,他能够轻而易举地化解矛盾,这一点真让我佩服。

现在,我仍然记得父亲对我的告诫:"**每一个人都有弱点和毛病,只要能容忍的就尽量容忍。不能容忍的你可以向他指出,但一定要注意方法,一定要给他回旋的余地。如果确实不能友好相处,你可以不理他。这对你没有任何害处。**"

没有玩具的童年

父亲曾在他的论著中说:"让玩具陪伴孩子度过童年是很可悲的。如果不利用宝贵的时间去开发孩子的智力,而让那些无聊的玩具虚耗美好的时光,是对孩子的一种无形的摧残,甚至是一种犯罪。"

我想任何人都会从这些话中了解到我童年生活的一部分。

当然，父亲的这种观点自有他的道理。他不仅这样说，也是这样做的。事实上，我的童年的确是没有玩具的童年。

我知道父亲不给我买玩具完全是为了我好，因为他想把我培养成一个优秀的人。然而，我想每一个孩子都会渴望拥有许多有趣的玩具，我也不例外。

虽然父亲亲手制作了许多可供我学习的玩具，也为我的童年增添了不少乐趣。但是，我仍然想拥有真正的玩具。

有一天，我的小伙伴兴冲冲地来找我，说要给我看一件新鲜的玩意儿。因为当时我正在学习功课，便没有答应去他家的要求。实际上，我说正在学习仅仅是没有答应他的原因之一，更主要的原因是我根本对他的那些玩意儿不感兴趣。

在我的头脑中，完全是父亲长期以来让我形成这样的观念，即小伙伴们的那些玩具都是毫无意义的东西，只有父亲给我的玩具才是有利于我学习的玩具。

的确，父亲给我的那些自制玩具都是能够让我发生兴趣，并津津有味玩耍的好东西。因为它们不仅好玩、有趣，而且还会让我学到不少知识。

小伙伴见我拒绝了他的邀请，便扫兴地离去了。

临走时，他对我说："卡尔，你要不去看看我的这件玩具，以后肯定会后悔的。"

小伙伴走后，我便想："有什么好的东西能使我因为没有看到而感到后悔呢？难道那真的是一件非常有趣的玩具吗？"

于是，我完成了功课之后便立刻去他家找他。

一进门，我就被小伙伴的那件玩具征服了。在这之前，我从未想到过这个世界上居然有这么美妙的东西。

那是一列火车，一列与真火车一模一样的玩具火车。它不仅外形与真火车一样，还具备火车的各种性能。有车头，有车箱，也有铁轨，还有交换轨道的换道器。它靠弹簧发条驱动，跑起来跟真正的火车全无两样。可以这样说，它就是一列缩小了的真火车。

这时我才明白小伙伴为什么会说我一定会后悔。的确，如果我不能见到它，准会后悔一辈子的。因为它太有趣了。

那一天，我在小伙伴家玩了很久，甚至忘记了回家吃晚饭。当时，我惟一的想法就是一定要自己也拥有这么一列火车。

回到家后，我把这件事告诉了父亲。

可是，父亲在听了我绘声绘色的描述后简直无动于衷，仍然坚持他自己的看法：虽然它很棒，但没有任何价值。

父亲对我说："这些东西都是商人为了牟取暴利而制造的，是专门用来骗小孩子钱的东西。"

我说："可是，它的确很好玩呀！"

父亲说："虽然它很好玩，但对你的学习没有丝毫的帮助，还会让你变成一个玩物丧志的人。我劝你还是离它远一点，否则它会把你引向歧途。"

我知道，父亲永远也不会改变自己的看法。没有办法，我只能按照父亲的要求以后再也不去小伙伴家去玩那列有趣的火车。

我隐隐觉得父亲的这种观点不完全正确，但或许由于年龄太小，我根本找不到反驳他的理由，只能顺从他的要求。

但是，那列火车却一直留在了我的心中，成为了我儿童时代未能如愿的梦想。

现在，我已经是三十多岁的人了，也成了一位父亲。我完全明白了当时我为什么那么喜爱那列火车的原因。

因为那列火车虽然不能成为帮助我学习的工具，但它却能给我带来快乐，给我一种没有任何动机、没有任何目的都能让我得到享受的快乐。

这是一种单纯的快乐。

前不久，我在美国买到了一列那样的火车。一回到家，我便兴致勃勃地玩了起来。

妻子先是开玩笑地责怪我，说我简直变成老玩童了，然而，不久之后也也加入了"老玩童"的行列。

我想，虽然我也要像父亲培养我那样培养自己的孩子，但一定不会让他的童年成为没有玩具的童年。

父子共同的游戏

父亲虽然不给我买他认为无意义的玩具，但他仍然是一位好父亲。因为在没有那些玩具的情况下，仍然与我一起作了许多既有趣也有意义的游戏。

在父亲的日记中有这样的记述，虽然卡尔玩具很少，但是无论在漫长的冬季还是令人困乏的夏季，他总能利用非常有限的一点玩具，愉快而幸福地玩耍着。

父亲认为，只要有效地利用游戏，那么就不会只成为单纯地玩耍，而会成为孩子学习知识的好方法。

事实上，对于我的游戏，父亲一直以此为准则，并运用到了对我的实际教育之中。

在我的印象中，最令人感动的是父亲曾经专门为我开设了一个游戏运动场。目的是为了我在游戏和玩耍中得到各方面的训练，并从中获得乐趣。

直到现在，我仍然能够回忆起许多在"游戏运动场"上玩耍的某些趣事。不但这样，在我们家的院子里现在还能依稀看出这个游戏运动场的往日模样。

在我的运动场上，父亲专门为我准备了各种用来锻炼身体的器具，我可以在那里活动筋骨、增强体质。

值得一提的是，父亲在运动场的角落特意为我弄来了一大堆河沙。

父样说，河沙是一种非常奇妙的东西，如果能保持它有一定湿度的话，便可以利用它来塑许多在生活中能够见到的一切形象。

有一天，调皮的我在作完运动后便心血来潮地一下子跳到了河堆里。正当我尽情地在沙滩上跳跃的时候，父亲从房间里走了出来，并严厉地指责了我。

父亲说："卡尔，你是在发什么疯呀？为什么在沙滩上乱蹦乱跳？这简直是对它的浪费，你应该学会利用这些沙子来塑造形象才对。"

我问父亲："塑形象？这些沙子能够塑什么形象呢？"

父亲说："你别小看了这些不被人重视的河沙。它们是用来塑形的好材料。你看，这些沙子不软不轻，还有一定的凝结力。你可以用它来堆一座很不错的小山峰，也可以用 它来做一条小河，还可以在上面挖一个小山洞。"

说着，父亲就开始动手给我作示范。他先用一些河沙在地面上堆起了一座不太高的"山峰"，然后用小铁锹将"山峰"的一面拍得平平整整，说这是一个悬崖。他一边做一边不停地给我讲解应该怎样控制用沙的数量，应该做成怎样的斜度才不会瘫塌。

等他做完一座有峭壁的"山峰"后，便让我也照样另做一个，让我把新做的"山峰"与先前的那个相对安放。这样，两座"山峰"之间就形成了河谷。

这时，父亲让我自己动手用小木块在两座"大山"之间搭建一座可以过河的"大桥"。后来我们又在"大桥"的两端各自"修建"了一条大路，并在峭壁上挖出了可以通行的山路。

不知不觉中，我和父亲就像上帝创造世界那样创造出了一片连绵不断的山脉。

那天，我玩得高兴极了。

当看到和父亲共同创造的"新"世界时，我产生了一种自豪感，也为自己拥有如此的创造力而感到骄傲。

可是，当天晚上下了一场大雨，把我和父亲创造的山脉完全冲毁了。要不然，我一定会请所有认识的人来参观，特别要邀请我的那些小伙伴们，让他们也来分享我与父亲在创造之中获得的快乐。

小时候，父亲总能利用生活中的许多不为人注意的东西与我一起玩游戏。他对我的关爱以及不厌其烦的耐心使我在最平常的事物中获得了无穷的东趣，也使我一天天地形成了多方面的能力。

第十一章

没有善恶的金钱，只有善恶的人

> 父亲认为，教会孩子如何用钱的最好办法莫过于让他参与
> 家计的经营管理。因为理财是最实际的能力，所以光讲道理没
> 什么作用，实际体验才是最有效果的学习方式。

金钱教育论

金钱教育是家庭教育的一大支柱，就像金钱是家庭的一大支柱一样。这是父亲的看法，现在也成了我的看法。

不过，很多父母都不这样想。他们什么都教给孩子：知识、技能、学问、道德、礼仪等等，但唯独不教给孩子有关金钱的知识。有的孩子小时候从没接触过金钱，也完全没有金钱的概念，长大成人后一旦面对金钱，他们要么毫无处理的能力，要么被金钱毁掉，这样的悲剧我见过许多。

可是不要跟小孩子谈论钱的观念似乎是根深蒂固的。有一次我去请教父亲有关钱的用途等问题时，他的一个朋友恰好也在座。等父亲详细地给我讲解完以后，这位朋友不以为然地说：

"牧师，请恕我直言，我顶不赞成你这样教育孩子。莎士比亚曾说过：金钱是罪恶的渊薮。我们应该尽力让孩子远离它，以保护他们纯洁的心灵不受到污染，怎么能让这么小的孩子就去接触这个魔

鬼呢？"

父亲微笑着回答，"您把金钱说得如此可怕，请恕我直言，我也顶不赞成。金钱本身并不是罪恶的渊薮，人对金钱的欲望才是罪恶的渊薮呢。虽然人人都说金钱是万恶之源，可谁也否认不了它对于人的生活是不可或缺的。既然孩子早晚都必须面对这个东西，为什么不早一点教他们认识它呢？我主张越早越好。"

"您的看法真可笑！金钱能有什么教育功能，除了把孩子教得自私、贪婪、狡诈和市侩以外，我可看不出还会有什么其他效果。"

"错了！只有不教育或错误的教育才会达成您所说的那种效果。只要给孩子以正确的教育，他们就会在金钱面前保持一种平常心，既不看重也不蔑视，我以为这才是一位绅士所具备的素质。"

"哦？愿闻其详。"他认真地请教说。

"我认为，金钱其实具有多种教育功能，只要你使用得当，它是一种极好的教育材料，可以让孩子学到各种精神。首先是赚钱的方法，这个对每个人的重要性就用不着我多嘴了。好的金钱教育可以使孩子形成这样的概念：赚钱最正当的手段是工作，而不勤奋工作所获取的财物则是不干净的，不是赚钱的正途。有了这样的概念，既容易使孩子明白社会的现实性及合理性，更可以教导孩子金钱正是人类存在的基本要素。你说这对于孩子的成长重不重要？"

"唔，你的话确实有些道理，看来我必须转变自己的观念了。你刚才说到'首先'，那么'其次'是什么呢？"

"其次当然是正确地运用金钱，这是直接关系到人一生中的发展和幸福的一个重要因素。看看我们周围有多少守财奴和败家子，有多少人因财务危机而陷入有失身份的破产境地。我相信只要有正确的教育，这悲剧不知会减去多少。至于让孩子明白父母养育的辛劳，培养他们节俭朴素的精神，更是少不了它的。总而言之，金钱教育对完善孩子的人格顶要紧。无论别人怎么说，我都会把它坚持下去，我可不愿意看到儿子在金钱方面做一个傻瓜。"

我当时听到他们这番谈话还似懂非懂，到现在我成了人，却越想越觉得父亲的话有道理。金钱确实造成了许多悲剧，但与其说是金钱的错，不如说是人的错。我的同事克林斯曼博士向我讲述的他童年的遗憾，顶能说明问题。

克林斯曼博士出生于一个小杂货店家庭。他的父亲是个白手起家的店主，在鲁特镇贫民区中的一个热闹的十字路口拥有一家食品杂货店。就是这极为平常的杂货店，也是他父亲多年含辛茹苦地劳动和积累才获得的。

克林斯曼家并不宽裕，但父亲待他很好，每次回家都会给他更喜欢的玩具，带他去喜欢的地方玩，并且给他买平时母亲不同意买的东西。不过父子俩却很少见面。由于家里还有田地，母亲带着孩子们住在三十多英里外的乡下，而父亲又为了照顾生意，终日在店里劳碌着，除了圣诞节极少休假，因此也极少回家。

克林斯曼从小跟着母亲生活，对很少在家中的父亲感到非常陌生。每年圣诞节父亲回家后，他会慢慢地与父亲熟悉起来，跟着父亲到处跑，像一个小尾巴一样。但父亲很快又走了，日子一长，他又觉得父亲陌生起来。

这样等他长成了一个少年，他的感情完全与父亲疏远了。有一次父亲回来，母亲让他去陪父亲聊聊天，亲热亲热，而他却不自在地说：

"你去陪爸爸聊好了，我和他没什么话可说。"

"你难道不爱爸爸吗？"他母亲难过地问。

"爱呀，可是我不认识他。"

其实，他当时想说的是"我不了解他。"

当别的同学询问他父亲是个什么样的人时，他也总是漫不经心地回答：

"他吗，是我们家的一个房客。"

同学感到十分惊讶，问他为什么这样说。

"事实就是这样的呀！"他说。

克林斯曼告诉我："等我长大成人以后才知道，我的态度让父亲有多伤心。他爱我，爱这个家，可为了全家人的生计，却不能经常与我们团聚。我母亲当然能理解他，但我当时太小，根本不能理解。"

"为什么不能理解呢？我觉得并不难理解啊，即使年纪小。"我奇怪地问。

"因为你父亲从小就对你进行了金钱教育，你当然觉得不难理解。可我母亲从不解释父亲为什么不在家，从不告诉我家里人之所以享受现有的生活，这是多亏了父亲的辛苦工作。

母亲认为不该跟小孩子谈钱，所以我也从不了解家里的经济状况，自然理解不了父亲所承受的压力。

父亲呢，一心想将我培养成有学问的人，只要我念好书他就满足了，从来不要求我去店里帮忙，认为是浪费时间。所以22岁前我从没亲眼见过父亲辛苦操劳的样子。"

"难怪我父亲说如果不给小孩子金钱教育，他就不容易懂得世情。"我感叹说。

"是呀，我也是直到自己开始挣钱养家了，才深切地体会到了父亲为家庭所做的一切的意义，这才真心地爱他、尊敬他。可是由于感情长久的冷漠，那种父子之间亲密无间的情感交流却难以建立起来。直到现在，我都时时为此而难过。"

像克林斯曼博士的这种情形不在少数。由于父母不让孩子面对金钱，小孩子对于大人给他的零用钱到底是怎么来的，根本毫无概念，也不知道由于父母辛勤工作，他才能有这笔钱可供花用。他从不关心家里的经济状况，只关心能从父母那里掏出多少钱来。

这样势必使孩子养成自私自利的心理，以锱铢必较的态度计算金钱、使用金钱。由于对金钱的来源完全没有体验，他们会形成以自我为中心的金钱观。

我在哈佛大学里就见过不少这样的贵族孩子，花钱如流水，从不心疼，因为用完了反正可以伸手向家里要，从没想过这与父母的收入有何关连，也不知道哪怕是一块钱也是要经过很多代人的努力才能得到的。

就因为看到了这种缺陷的危害性，在我教育儿子时，父亲总不忘在信中提醒我：

"**金钱具有控制人心的特质。适当的对待金钱，等于合理地操纵自己的精神。当你的教育有所缺失时，别忘了再考虑金钱的多样教**

育特性。及早让孩子树立金钱的观念，再多方面加以指导，一定会有惊人的效果。"

合理运用金钱奖励法

人们常说："有钱人家的小孩特别难养。"这话倒有些道理。我们不是经常看到出身阔绰之人的悲惨下场吗？这似乎又印证了"金钱是万恶之源"这句话。不过，我以为还是教育的问题。

阔绰的人家由于有极多闲余金钱，往往容易掉以轻心，对孩子的要求有求必应。

他们却没有想到，如果一个孩子在父母那里轻而易举便能弄出钱来，后果是极为可怕的。

一方面，孩子会毫不珍惜地把钱随随便便花个精光，决不会把钱用到该用的地方，倒是用到错误地方的可能性比较大，另一方面，由于钱来得太容易了，他就会产生什么事都容易做到的错误念头，以至长大后不懂得去为自己的生存而奋斗，变得懦弱无能，乃至堕落。所谓的败家子不就是这样产生的吗？

父亲有一位富有的朋友，他的儿子名叫德尔菲齐。他十分溺爱这惟一的儿子，德尔菲齐要什么他便给什么，恨不能给儿子打一座金山。他认为这是理所应当的，自己用尽心力去经商挣钱，不就为了让儿子过上豪华的生活吗？他只顾给钱，却不知教导儿子该怎么用钱，也不知这么多钱已远远超出了儿子的生活需要。

德尔菲齐因为荷包过满，出手极为阔气。但他并没有用这些钱来购买任何对自己有益的东西，也没用它们去帮助任何需要帮助的人，只是一味在同伴面前炫耀摆阔，以满足自己的虚荣心。

由于有钱，德尔菲齐很快便成了那些坏孩子追逐的对象。他们争相讨好他，奉承他，经常厚颜无耻地拍他的马屁，把他捧上了天。德尔菲齐有了高高在上的感觉，飘飘然起来，出手更大方了，经常呼朋引伴，大肆吃喝玩乐。只要人家说两句动听的恭维话，就借钱给人家，自然，那些钱从没还过。

德尔菲齐的慷慨大方为他赢得了那帮孩子的"尊重"与"爱戴"。他们一致尊奉他为头儿，听他的指挥，对他唯命是从。这让德尔菲齐的感觉更好了，他还以为自己真是块领袖的材料，是自己独特的领袖魅力征服了他们。

当然，和那帮孩子交往的过程中，德尔菲齐也发现了金钱的力量。当有的孩子不听他的指命或与他有矛盾时，他就花钱买通别的孩子去打他。时间一长，他变得蛮横霸道，心地凶残。

有一次，一个农夫走路时不小心撞了他，弄脏了他的衣服，他们争执了几句。他便命令自己的手下对那个农夫进行报复。他带领那帮孩子在路上把农夫团团围住，用石头把他打得头破血流，并且威胁他不许把这件事张扬出去。这件事过后，他欺负人更厉害了，稍稍冒犯他的人都要被打。大家对他既惧怕又憎恶。

不过德尔菲齐可没想到，成天跟随他的那帮孩子并不是真的对他好，只是想从他那里捞到好处罢了。他们联合起来欺骗他。首先引诱他参予赌博，并用事先定好的计谋让他大输特输。

这还不算，他们还用各种卑鄙的手段骗他的钱。可德尔菲齐毫无察觉，对连连输钱也无所谓，因为他认为父亲有的是钱，会不停地供给他用。

可想而知，德尔菲齐过着这种"风光"的生活怎么会有心思去学习。他的心思全用在吃喝玩乐、打架、赌博上了，学习只是在父母面前装装样子。他从没有尝到过学习的快乐，也没有获得学到知识带来的喜悦。他认为只要有钱就行了，学习根本没什么用。一看到书本他就头痛，和那帮孩子在一起胡闹却让他感到开心又自在。

慢慢的，他的恶行劣迹传到了他父亲的耳朵里。那位被打的农夫也向他父亲告了一状。他父亲气愤之极，将他痛打了一顿，并且停止了他所有的零用钱。

德尔菲齐终于为自己的放纵付出了代价，倾刻之间，他变成了一个"穷人"。

在一次赌博中，德尔菲齐把手中仅有的钱输了个精光。当他向其他孩子借钱做赌本的时候，那些孩子翻脸了。

他们很不客气地告诉他："你如果没有钱，就不要再玩下去。我们都听说你父亲再也不会给你钱了，你还有什么好神气的！"

德尔菲齐气得说不出的话来，没想到平时那么顺从的"好朋友"，忽然之间全都变了样。他和他们争吵起来，后来他们围着他大打出手，其中一个孩子还用石头砸破了他的头。他正是那个被打农夫的儿子。

德尔菲齐的事例使父亲在教育我时一直警惕着金钱可能带来的不良影响。他坚决反对给孩子过多零花钱的做法。同时，他还用各种办法让我认识到金钱是劳动的结果，他把金钱的来源及过程演示给我看，使我明白钱不是像泉水那样自动涌出，不是毫无理由、任意要求就可增加的，而是来之不易的，以使我怀有感恩的心情。

为了到达这个目的，父亲采用了与众不同的教育方法。

父亲从不会轻易给我零花钱，而是作为奖励奖给我。在每天的学习中，如果学习得好，得到的成绩超过预期，父亲就给我一个戈比作为报酬。但不管学习得再好，只要当天的行为有过错，我还是领不到这一个戈比的报酬。

所以要想得奖励其实是顶难的。我的零花钱因此一直少得可怜，与那些可以直接伸手向父母要的孩子比起来只能说是九牛一毛。

有很多人都觉得父亲的行为太古怪，询问他要鼓励儿子学习，干嘛非得用钱来作奖品呢。

父亲回答说："我这是要他亲身体会，什么叫做'一分耕耘，一分收获'。"

别的孩子要起零花钱来似乎都很容易，而我向父亲要钱，没有一次要到过。我上大学后，有一次在商店里看中了一台天文望远镜。我对天文一向感兴趣，早就想有这么一台，也好尽情地观测天象。不过那台天文望远镜价钱不菲，我那点零花钱只够零头。没办法，我硬起头皮向父亲要钱。

听完我的陈述，父亲沉吟了半晌，说："不，我不会给你钱。那是个奢侈品，我早就说过不会给你买奢侈品。"

"可是，"我几乎要哭出来了，"我并不是为了享受，而是为了学习啊。"

"我知道。我之所以不给你钱，是因为想到你已经是12岁的大孩子了，为什么还是只要有事就向家里伸手?这样容易产生依赖别人的坏习惯。我看你到了靠自己的力量去挣钱给自己买东西的时候了。"

听了这话，我惊讶得合不拢嘴。但父亲不是开玩笑的，他很快便给我介绍了一份抄写的工作。

抄写工作是十分劳累的，每天晚上我都要抄到深夜才能睡觉。除此之外，我每天还要给邻居的老奶奶读一个小时的书，也能挣一点报酬。就这样辛辛苦苦干了大半年，才攒足钱买下了那台天文望远镜。

后来听说母亲心疼我天天这样劳累，闹着要父亲出钱给买下来。父亲坚决不同意，说:"谁挣钱是容易的?我就是要他知道挣钱有多不容易。"

应该说父亲的目的完全达到了。通过这些事，我真切地体会到获得一点报酬有多么艰难，必须付出多么巨大的劳动。

理财教育从儿童期开始

由于金钱教育的缺乏，很多人即使成家立业后也不知道该怎么处理金钱和财富。在我们周围不是有不少这样的人吗?他们受过教育，在社会上有地位，人也聪明风趣，可就是被金钱玩弄于股掌之上，或者弄得焦头烂额，或者成为金钱的奴隶，被束缚一生。

有个跟我一起长大的女孩，在18岁出嫁之前从没接触过钱。她是没有零花钱的，要什么东西就向父母说，自然有仆人去买回来。出嫁以后可不得了了，家计全得由她来操持，丈夫从不理家事，赚了钱便交给她，由她安排生活。她简直手足无措，感觉金钱就像一匹无法驯服的马，怎么骑也骑不上。她丈夫的薪水不算低，但最后竟弄到债台高筑、举步维艰的地步。

她一见到我就抱怨:"我们家的财政系统太混乱了，不知怎么一卷就把钱全卷跑了。我眼看着丈夫拿那么多钱回家，却看不到它们怎么就没了。唉，这日子可没法过了。"

当然也有像德尔菲齐那样的，父母无节制地向未成年的孩子提供金钱，一味满足孩子的花钱要求，放纵孩子的物质欲望，这只能助长孩子奢侈浪费的恶习。当他们成年以后靠自己有限的收入生活时，立刻就会陷入入不敷出的窘境。

父亲可不愿意我成为这种无能的人。他认为知道如何使用钱，是直接关系到人一生中的发展和幸福的一个重要因素。他把这种教育称作理财教育，是父亲对我的教育里一个重要的组成部分。

年幼的孩子除了零花钱没有固定的收入，不具备成熟的金钱意识，也不知道怎样管理好自己的钱，但他们却有强烈的使用钱的要求和欲望。这就容易导致他们在用钱方面出现种种错误，这错误会影响到他们本身的成长，以及他们的发展和前途。

小孩子在用钱上有非常近似的错误，比如滥用父母的钱；只把钱看成是买东西的工具；没有存钱积累的习惯，花掉的比积攒的多；一买东西就把身上的钱花个精光；用钱没有计划等等。

这些全是小孩子用钱时易犯的错误。理财教育正是要帮助他们克服这些错误，培养出理财的能力。

我现在已是个历经世事的成年人了。我发现理财能力确实是生活和事业上必须具备的重要能力之一，而且这种能力的培养必须从少儿阶段便开始进行，进行得愈早，效果愈佳，否则将会非常被动。

我现在时常会接受一些朋友同事的咨询："你家的财政如此井井有条，请问有什么诀窍呢？把你的经验告诉我们吧。"

甚至还有人把家中的财务问题告诉我，向我请教如何解决。我也不揣冒昧地帮他们出出主意，居然也真能为他们排忧解难。我的理财能力在朋友们中间深获好评。

当然，这全得归功于父亲在我少年时进行的理财训练。

父亲认为，教会孩子如何用钱的最好好办法莫过于让他参予家计的经营管理。因为理财是最实际的能力，所以光讲道理没什么作用，实际体验才是最有效果的学习方式。

从我懂事起，家里大的开支我都有份过问，父母亲还会就这些开支与我商量，征求我的意见。家里的收支簿也是向我公开的，并且父母在总结上月花费，讨论下月的预定开支时，也常邀请我参加。

所以我对家计一点也不陌生，对家里的经济状况也很了解。在这种情况下，父亲开始尝试让我独立管理家计。

我8岁那年就成了家里的小管家，当然只是短短的两个星期。

记得那时我时常抱怨，不是说吃得不够好，就是说东西买得太吝啬。

"天哪，你以为安排家里的开销有那么容易吗？"妈妈说。

"不会比解一道数学题更难吧？"我顶了一句。

这时父亲插嘴进来："卡尔，既然你认为这件事顶容易，那你来试试怎么样？"

"好呀！"我跃跃欲试地说，"包在我身上。"

"卡尔才8岁，他行吗？"妈妈有些疑虑地问父亲。

"没问题！我知道该怎么做，从小看你们都看会了。"我抢在父亲前面回答。

他们最后决定让我试一个星期。妈妈把这个星期的预定费用全交给我，告诉我这笔钱的金额是事先计算好了的，这个星期的一切开支都要从这里出，决不允许超支。

家里一个星期的费用金额并不大，但对于我这个年仅8岁，只拥有少少一点零用钱的小孩子来说，已经算得上一笔巨款了。我长那么大从没见过这样多的钱，就像一个穷人突然发了横财，总是忍不住胡花海花，不知道怎么挥霍才好，我也觉得这笔"巨款"简直怎么花也花不完。

那个星期，家里的食品忽然极大地丰富起来，吃得也特别好。好多平时想买却不能买的东西，我全买回了家。我还给家里的客厅添置了一幅油画，给餐桌添置了一张新台布，以换下那块用了多年、已十分陈旧的旧台布。对于我的一切行为，父母都不干涉，全部遵照我的意思办。

不过，我可没高兴多久。那个星期还没过完，仅仅到星期五我就发现自己手里只剩下几个戈比了。于是我提出了人们经常提出的疑问：

"咦，钱都花到哪儿去了？我还没怎么用呢。"

直到父亲把我所有支出的帐单理出来，我才不得不相信我确实已花掉了这么多钱。

妈妈取笑说："喂，你爸爸只是个穷牧师，要是照你这样花下去，我们大概很快就会破产了。"

几个戈比显然无法维持三天，我只得面对超支的结局了。我顶不服气，要求再管一个星期的家计。

"看我的吧！"我满怀信心地向父母保证，"这次一定能行。"

有了上个星期的教训，第二个星期我变得特别谨慎，甚至，可以说是特别抠门。稍微贵一点的东西，我都不批准购买，妈妈说墙纸破了需要糊一糊，也被我断然拒绝。一日三餐变得极差，奶酪与黄油都被取消了，连柯蒂也抱怨"这样吃可不行。"我根本不理会，继续推行我的严厉的经济政策。一个星期过完，我总算把上次超支的钱给节约回来了，不禁为自己的持家能力沾沾自喜。

父亲对我理财能力评价却极低，认为我确实还需要好好锻炼才行。他最后总结说：

"知道吗，卡尔，你管家的这两个星期，把大家的生活搅得一团糟。你先是毫不考虑地消费，立刻在我们这种收入有限的家庭中制造出赤字的恐慌。然后，你又无理智地节约，该买的东西不能买，该做的事不能做，钱倒是省下来了，可你看看家里人，个个都因为吃得太差而精神不振。我们就像一会儿在火里烤着，一会又被放到水里冰着，如果换了你，你难不难受啊？你呀，一点也不会用钱。"

"那要怎么做才是对的呢？"

"很简单，只有两个字——适度。儿子，你要知道，过度奢侈固然不是理想的用钱方式，但过度节约而使家庭呈现窘态，也是不健康的。所以必须适度，必须量入为出，制定出合理的的支出计划，严格按计划进行，明白了吗？"

"明白了。"

"只有那样做，你才能主宰金钱，而不是成为它的奴隶。"

父亲的这些教诲将使我终生受益，所以我希望父母们能给自己的

孩子以同样的教导。树立正确的金钱观，培养理财能力，从而使孩子成为一个能干的、健全的、真正的人，这是每个家庭的基本责任和义务。

节约金钱为哪般

父亲的理财教育还有一个重要内容，那就是节俭。

他常对我讲年轻时是如何省钱的。他说自己刚做见习牧师时每周只能赚 14 个戈比，其中 12 个戈比要交给房东，其余两个，他只用一个，还可以省下一个。

父亲不光说说，他在生活中也确实十分节俭。记得他有件衬衫，穿了 10 多年，领口袖口全磨破了也舍不得扔掉，总是让妈妈缝一缝、补一补又继续穿。这件事在洛赫村很出名，大家形容一样东西年头久了都说"就像威特牧师的衬衫一样旧"。

在父亲无言的熏陶下，我也养成了节俭的好习惯。我从不动用零花钱胡乱买点心或玩具，而是把它们全攒在我的存钱罐里。一般小孩子在过节的时爱乱买东西，我也从不心动。别人见到这种情形都觉得奇怪，问我存那么多钱又不用，难道是存来听响的吗。

"我存钱的目的就是雨天备干薪。这些钱我准备用来读大学。"我总是响亮地回答他们。

不过，父亲虽然节俭，却不是一个一毛不拔的守财奴。

父亲在家里精打细算，省吃俭用，但在帮助别人的时候却顶慷慨。他经常把食品与金钱施舍给穷人，宁愿自己在家里吃干面包。他要求我也这样做，要求我节省每一个铜板来帮助穷苦人。

用父亲的话来说："考虑问题的出发点是能否给人以实际帮助。不要像有些人那样，认为从床上爬起来到市场抗议一下，就算帮助穷人了。重要的是你用你微薄的收入干了些什么。"

有一年春天，我和父亲去野外踏青。那天天气非常好，阳光灿烂，空气清新，一副鸟语花香、明媚的仲春气象。面对如此美景，我们简直都舍不得走了。于是我们就并排坐在田野里的一块大石头上，一起看由家里带去的书。

我们正读得津津有味，忽然发现身后有个八九岁的男孩。他一直蹲在我们背后，伸长了脖子偷看我们的书。

这个孩子就是后来成为我的好朋友的莱茵克尔。莱茵克尔是个贫穷农夫的孩子，他非常热爱学习，可由于家境贫寒，没有得到受教育的机会。不过他仍然对书本有着浓厚的兴趣，还利用给学校干活的机会学会了认字。

那天莱茵克尔看到我和父亲在读书，感到非常羡慕，忍不住蹲在我们身后偷看起来。当我们发现时，他已经蹲了很长一段时间，腿麻得都走不动路了。我对这孩子很有好感，于是邀请他和我们一起在草地上共进午餐。

莱茵克尔告诉我们，他实在非常想看书，可是家里买不起这些对他们来说很奢侈的东西，因此他很想听听我给他讲书里的故事。

我一听可乐意了。我周围没什么玩伴，又从没遇到过这种可以运用所学知识的机会，因此立即把自己平生从书本看到和学到的东西一股脑全讲给莱茵克尔听，足足讲了有三个小时。

趁着我歇气的功夫，父亲询问了莱茵克尔的家庭情况。

莱茵克尔家里没有土地，只得租种别人的田地。虽然他父亲是个非常勤劳的人，整日辛勤地劳作，为家庭付出了一切，可家计仍然很艰难。他的母亲是位善良的女人，尽管自己没有受过教育，但她仍然希望莱茵克尔能成为有学问的人。母亲教莱茵克尔要勤劳、向善。但由于没有良好的经济条件，不能让儿子去读书、学习，她时常为此黯然泪下。

莱茵克尔对我说："我真羡慕你呀，卡尔。你有这么多书本和学习用具，我做梦也梦不到这么多呢。唉，如果我也有这样的条件，我也会成为像你一样有学问，有知识的人。

我听了深受感动，立刻把手中的书全送给了莱茵克尔。见到这个情景，父亲对我说："莱茵克尔真是个爱学习的好孩子，不是吗？有的孩子有好的条件却不肯好好学习，可比他差远了。不过，他有这样强烈的学习欲望，又这样贫穷，你不认为我们应该给他更多的

资助吗?"

"是的,我也这么想。可是我又想到你经常教育我要节俭。所以我现在顶困惑,不知道该怎么办好。"

"唉,"父亲大笑道,"我的傻儿子!确实,钱不可以随便浪费,但是在必须使用时,也不可过于节省。你看我尽管非常节俭,但在资助别人时可曾吝啬过。我并不是要你一味节省,只是想教你尽量把钱花得有意义一些。帮助穷人岂不是最有意义的事。"

"对呀,我怎么没想到?"我拍着自己脑袋笑骂道,"真是个死脑筋!你们等着,我马上就回来。"

我立刻飞奔回家,拿了一些纸和笔,并从自己微薄的积蓄中拿出了二十戈比。我把这些东西全交给莱茵克尔,真诚地对他说:

"拿着吧,这是我对你微不足道的帮助。虽然很少,但也是我的一点心意。我希望你从现在开始好好地学习,上帝是不会辜负你的愿望的。"

第二天,莱茵克尔的父亲亲自带着他上门道谢。他感激地说:"威特牧师,您有这样的儿子,真令人羡慕啊。他就像一个天使,把爱给予了我的儿子。愿上帝赐福给他!"

后来,莱茵克尔在父亲和一些善心人的资助下完成了学业。现在,他已经成了一位学识渊博的大法官。

有一次我去拜访他时,发现他家里十分简陋,没有任何值钱的东西。但别人却告诉我,有 10 个家境贫寒的孩子靠着他的资助才能上学读书。他对我说:

"这些都是你父亲教给我的啊。人必须节俭,但不能为攒钱而节俭,而应为更有意义的事而节俭。"

不为金钱所迷惑

我的一个朋友在小学校里当教师,有一次他忽然想了解孩子们对金钱的态度,就对班上的小学生做了一次调查。调查结果表明孩子们都对金钱有强烈的欲望，他们大多不满意家里的经济状况，哪怕是出身富裕家庭的孩子也是如此。

"要是我爸爸也像谁的爸爸一样有钱就好了。"这是经常会从孩子们口中听到的话。

当他提出"如果你想拥有和朋友们一样的玩具时，你会怎么做呢？"这一问题时，学生们的回答更是让他非常吃惊。这些年龄不过六七岁的小孩子，为了拥有自己想要的东西，竟然会使用各种阴谋诡计使父母心甘情愿地掏出钱来：

"如果我想要的东西价值 20 戈比，那么刚开始时，我会跟妈妈说我要价值 1 马克的东西，妈妈当然不会给我买那么贵的东西。这时我就要求买 50 戈比的东西，妈妈也多半不会答应。最后我再提出买 20 戈比的东西，这样妈妈就会给我买了。"一个孩子这样说。

"要是我的话，我会说：'妈妈，你好小气哦！只会给自己买衣服、鞋子、香水，却不肯给我买玩具。买那些东西要花那么多钱，我的玩具只要少少的一点钱。'一听我这样说，妈妈总是会买一个玩具安慰我一下。"另一个孩子这样说。

还有一个孩子说："我会告诉妈妈最近有好多小孩在商店里偷东西，肯定是因为他们的妈妈不肯给他们买玩具。妈妈一听准保惊叹起来，我就趁机说：'我知道偷东西是不对的。你买给我好不好？'妈妈就赶忙去买给我。"

除了以上的方法之外，有的孩子还会以拒绝吃饭，或者不好好读书相要胁，五花八门的手段真是令人匪夷所思。

朋友在给我讲述这件事时不断地摇头叹息，感叹金钱对孩子心灵的污染。

我说："是的，金钱是有扭曲人心灵的力量，而人在金钱面前是极难保持平常心的。哪怕是幼小的孩子，也顶容易感到迷失。知道吗，我当年也是这样的呀！"

当年我仅有 9 岁，但已因神童之誉而全国闻名了。在申请上大学经费时，我结识了维斯特法利亚王国的文化大臣拉日斯特男爵。

拉日斯特男爵经过考核后确认我是个名不虚传的杰出人才，于是

为我争取到了杰罗姆国王的资助。他非常喜欢我，就在那年夏天邀请我去他位于海滨的夏季别墅度假。

此前我一直过着简朴的生活，这是生平第一次见识有钱人家奢华的生活。拉日斯特男爵的夏季别墅是一座规模可观的白色洛可可风格的城堡式建筑，里面装饰华贵，仆人成群，光是价值不菲的各种摆设，已经让我眼花缭乱了。别墅里经常举行盛大的社交舞会，贵人云集，衣香鬓影，有像海水一样取之不尽的美食和美酒。我以前不仅没吃过，连见也没见过。

拉日斯特男爵有个与我同岁的儿子，他介绍我们认识。我简直不敢相信，他竟然有一屋子的玩具和自己的小船。我们尽情地玩了三天，从早玩到晚，玩得精疲力尽，直到男爵派人把我送回家。

回家的头几天，我的话题全是在夏季别墅里度假的事。我滔滔不绝地给家里人讲美丽的海滨别墅，讲别墅里豪华的生活，讲精美的食物，讲小男爵的小船，足足讲了四天，最后连最喜欢打听这些事的柯蒂也听烦了。一天，我问父亲我们是否也能买一座靠近男爵家海滨别墅的房子，父亲终于无法再忍耐下去，他怒喝起来。

"够了，卡尔！我们都听够了你这个奢华的假期，现在马上给我闭嘴！我可以明确地告诉你，我们买不起什么海滨别墅，永远也不可能。你仅仅过了三天奢华的生活，就忘记了我平日对你的教诲，真是太让我失望了！"

我从没见过父亲发那么大的火，吓得躲到房间里不敢出来。到晚上睡觉的时候，父亲走进我的房间，看起来已经平静下来了。他心平气和地问我：

"卡尔，你真的很羡慕那种生活吗？"

"是的，我从没见过那种生活，从不知道有钱是件这么好的事情。爸爸，请你不要生气，我确实顶羡慕。"

"爸爸不会生气，也不怪你，金钱的力量确实难以抵挡。你知道吗，在现实生活中，金钱是一种最容易让人失去自尊，从而做出违背自己心愿的事情。一个有理想、有志气的人是不应该这样的。你忘记了我经常教育你要在金钱面前保持自尊吗？"

"没有。可是，我确实不能控制自己了。"

"傻儿子，还记得《伊索寓言》里的那个故事吗？一个樵夫在河边伐木，不小心把斧子掉进水里。他很难过，坐在河边哭。河神麦丘立很可怜他，就潜到河底拿出了一把金斧子，问樵夫这是不是他的。樵夫说不是。麦丘立又从河底拿出一把银斧子，他又否认了。于是麦丘立第三次潜入河底，把他丢的那把拿出来。樵夫高兴地说：'那是我的。'麦丘立很喜欢他的品格，就把其他两把斧子都送给了他。你知道这樵夫最大的优点是什么吗？"

"他很诚实，不说谎。"

"不，是他在金钱面前的平常心，他没有像你这样被金钱迷惑。而一个人只要在金钱面前能保持自尊，不出卖自己的原则，他就会获得世人的尊敬，到头来金钱也会尊敬他，使他在事业上得到更大的成功与收获。"

"就像你这样？"

"对，我一直是这样做的。从来没有出卖过自己的原则和自尊。卡尔，爸爸只是个穷牧师，一辈子也没钱买那些奢华的东西，也不想买。因为我是个简朴而克己的人，对目前这样能吃饱穿暖的生活，我已经很满足了。奢侈是亵渎上帝的，对穷人们来说也是种罪过。我希望你也能成为这样的人。孩子决定着一个国家的未来，如果主宰国家未来的是贪图享受，奢靡腐化的一代人，那么这个国家将不堪设想。"

看到我陷入了沉思，父亲继续语重心长地说："儿子，你要明白，尽管我们都十分喜爱财物，但不要因此一味贪图财物。因为财物虽然可以给我们的生活提供支持，但却不能创造一种真正有意义的生活。"

"那什么才是真正有意义的生活呢？"

"真正有意义的生活是去帮助所有需要帮助的人，是从事创造性的事业，是不计成败得失地追求真理和知识。"

那天晚上父亲给我谈了很多，他谈到了简朴如何给人带来自由而不是束缚，谈到了美、友谊，谈到人的价值高于金钱的价值。他给了我一种力量，一种不为金钱所迷惑、追求更有价值的生活的力量。

第十二章

培养一个完整的人

在我父亲老卡尔·威特的眼中，拥有知识和才能只是争取成就的第一步，是一个人走向完美人生的基础，在具备了这些最基本的素质之后，必须要学会在社会中更重要的生存能力。

走出儿童教育的误区

在父亲的那个年代，人们对孩子的教育往往只关注学识、修养。似乎除了知识之外的其它方面都是没有必要向孩子灌输的东西。然而，父亲从一开始就非常注重我学习以外的教育。他甚至认为，对于一个人才说，学习知识并不是最主要的，更重要的是他的全面能力。

这样一来，父亲便用这种独特观念对我进行了全面的教育。

除了上面介绍的各种实际能力以外，父亲还特别重视我另一种能力的培养，即社会交往能力的培养。

前面提到过，父亲通过一次我与小伙伴的纠纷让我体会到了应该怎样与人打交道。那只是我小时候经历的无数类似事情之中的一件，父亲对我这样的教育还有许多许多。

事实上，在小时候我虽然感觉到了善于与人交往是何等的重要，但真正让我认识到它的重要性还是在我成为当地的"名人"之后。

我们都知道，虚荣心是每一个人内心里最厉害的敌人。虚荣心可以使一个本来谦逊的人变成一个令人厌恶的傲慢者，甚至可以使一个本来可以取得辉煌成就的人变成一个毫无作为的蠢人。

每一个人都或多或少有一些虚荣心，我也不例外。不仅这样，在我成为所谓的"天才"之后，我的虚荣心还一天天地膨胀起来。

在我未"出名"之前，虽然人们都知道威特牧师有一个很聪明的孩子，但并没有让我感到自己有什么与众不同之处。

在人们的印象中，我是一个既博学聪明又天真可爱的孩子。但是，在我的某些特长被人们赞誉成"天才"的行为，我也被人们误称为"天才"之后。人们渐渐地发现我是一个虽然拥有丰富的知识，却是一个不知天高地厚的傲慢孩子。

人们对我的这一看法，我当时并不知道，是父亲在很久之后告诉我的。实际上，人们对我的这一看法并不是因为他们对我要求太苛刻，而完全是由我自己引起的。

现在回想起来，当时我确实有许多不尽人意之处。

有一天，父亲带我到教堂去做弥撒。或许是人们都对我有一个良好的印象，看见我的到来，便都主动热情地过来与我打招呼。

如果在以前，我一定会给予人们友善的微笑并也热情地向他们问好。可是这一次，我都没有这样做，而只是冷漠地向他们点了点头，装作对他们并不很在意。

这是为什么呢？为什么会有如此的转变呢？正是因为我有了"自己是天才，自己是了不起的人物"的无知想法。或许当时我并没有意识到自己的这种想法以及行为是谎谬和无知的，但我却在众人面前表现了出来。

我虽然不知道当时人们会对我有怎样的想法，现在想起来，他们一定会对我产生厌恶之感。

他们一定会认为我这个曾经一度被他们关爱的孩子是个无知的人，也会为我的这种变化感到痛心。

父亲是聪明而有眼力的人，他把当时的情景完全看在眼里，但又故意装作什么也没有发现，仍然以平时的姿态友好地与人们相互问好。

做完弥撒回到家后，父亲对我说："卡尔，你现在是不是自我感觉特别好?"

我说:"什么?我不明白你的意思。"

父亲说:"卡尔,我觉得你现在和以前有很大的不同,你认为是这样吗?"

我说:"是的,我现在比以前长得高了许多,掌握的知识也比以前多了许多。"

父亲说:"你现在长高了,知识也丰富了。这是很正常的事。因为你每天都在吃饭,也每天都在学习。"

我不知道父亲说这些话是什么用意,但隐隐感觉到他对我有些不满。

我一言不发地等待着父亲下面的话。

父亲说:"卡尔,你真的以为是天才吗?你真的以为自己是个上帝创造的神童吗?"

我说:"我不知道自己是不是上帝创造的神童,但我有与众不同的表现,这确实是真真切切的事实。"

父亲问:"那么,你觉得自己是个与众不同的人,是个高高在上的人吗?"

我没有回答父亲的问话,但我知道,我当时的确是那样想的。

父亲说:"你今天为什么对人们那么冷淡?他们可都是非常关心你的人呀!"

我说:"我想,我并没有对他们冷淡呀,你也看见了,我向他们每一个人都点头示意了呀!"

父亲说:"可是每一个人都能看出来,你不象以前那样热情了。"

这时,我知道父亲已经完全看出了我的心思,便一言不发地低下了头。

话已经说到了这个地步,父亲也不再继续向我多说什么,就去忙他自己的事了。

虽然得到了父亲的提醒,我仍然没有对自己有所反省,而仍然以那种不良的心态对待周围的人和事。

我以高姿态对待所有的人,包括邻居和平时要好的小伙伴。甚至产生了这种荒唐的想法：我是天才，是神童，是超凡脱俗的人，不应该与那些俗人打交道。

就在我陶醉于天才的洋洋自得之中时，一种令我感到可悲的局面渐渐地形成了。

不久之后，我发现几乎所有的人都以一种冷漠的眼光看着我，甚至有人根本不把目光放在我的身上，有些人在看到我时还故意把头转向一旁。

我的小伙伴呢!那些平时与我很好的小朋友呢?他们一个个地离开了我。

就这样，我成了一个孤家寡人。突然之间，我的良好感觉完全消失了。我发现自己并不算是什么重要的人物。

有一天，正当我百无聊赖，既寂寞又孤独地坐在花园的凳子上发呆时，父亲向我走来。

"卡尔，你坐在这里干什么呢?现在是休息时间，为什么不去找小伙伴玩呢?"父亲心里其实了解一切，但他仍旧装作什么事都不知道。由于孤独而寂寞已经围绕我很长一段时间了，一听到父亲提到小伙伴，我再也忍受不住内心的难过之情。

我难受地说："他们都不愿意与我一起玩。"

父亲问："为什么呢?"

我说："不知道，他们一见到我就躲开。"

父亲见到我已经尝到了骄傲带来的苦果，便不失时机地开导我："卡尔，你是一个很优秀的人，这么小就学会了那么多的知识，也取得了如此优异的成绩。这的确是你与众不同的地方。但是，你千万不要忘了，对于一个优秀的人来说，仅有知识和成绩还远远不够，还需要有人们对你的支持，还需要有许多朋友陪伴你度过漫长的一生。我知道前一段时间你被自己是高人一等的天才的错误认识所蒙蔽，使你产生了骄傲自大的不良心态，而正是这种不良的心态使你一天天地失去了别人对你的尊重，也失去了朋友。"

父亲的话句句打中我心头的要害，他说出了我之所以孤独的原因所在。

我迫不及待地问父亲，"爸爸，那么我现在应该怎么办呢？"

父亲说："也不用太担心，因为你现在还是个孩子，别人不会仅仅以你的错误完全否定你，只要你尽力改正自己的缺点，放下自己的臭架子，以友好的方式对待别人，我想不久之后，你会重新获得别人的尊敬和关爱。你的小伙伴也会回到你的身边。"

在这以后，无论在任何时候我都以谦逊的态度对待他人，尊重他人，我也同样获得了他人的尊重。

上述的那件事让我尝到了骄傲带来的苦果，也让我懂得了与人友好相处的重要性，也是我后来学会怎样与人交往的开端。

教孩子懂得人际间的"分寸"

在我稍大一些之后，在与人相处的方面，父亲开始对我进行更深入的教育。

因为在父亲老卡尔威特的眼中，拥有知识和才能只是争取成就的第一步，是一个人走向完美人生的基础，然而，在具备了这些最基本的素质之后，必须要学会在社会中更重要的生存能力。

我们都知道，人类社会是个极其复杂的组合体。每一个人都有不同而又复杂的头脑，每一个人都有各自的，不为人知的想法。那么，怎样在这个社会中不致为他人所蒙蔽，怎样恰到好处地与他人接触、交往就成了一个不可忽略的问题。

有些人认为，虽然与人相处是很重要的事，但不宜过早地培养孩子这种能力。他们认为，孩子是单纯和无知的，这是孩子最为可贵的东西，如果过早地教会他们处理人际关系的方法会破坏孩子的纯真心灵，对孩子非常有害。也有人以为，小孩子什么都不懂，即使教他这些，他也无法理解，也不能接受。

对于这样的认识，父亲在很早的时候就提出过相反的意见。由于他的观念与大多数人不同，甚至遭到了别人的非议。

父亲曾在日记中写道：我真诚地向人们表明我的观点，告诉他们尽早让孩子懂得如何处理人际关系是何等的重要，但换来的是无休无止的责骂声。他们说我身为牧师居然教孩子"肮脏"的东西，是一种不可饶恕的罪过。可是，在我看来，指责我的人才是"肮脏"的人。他们到处说人际关系是邪恶的，是带有阴谋性质的行为，但他们却无时无刻不在搞人际关系。这种虚伪使我无法忍受。在我看来，教会孩子这些并不是什么坏事，因为人际关系本身并不是不好的东西，关键在于如何正确地引导孩子。如果采用合适的方式让孩子对人际关系有所真正的认识，无疑对他们的将来大有好处。

父亲曾对我说："你是社会中的一员，必定不能回避社会交往，也不能回避与人打交道。所以你必须学会了解人，了解他人的内心世界。"

有一天，父亲的一位同事到我家作客。他是米斯里尔村的牧师，名叫沃尔特，专程来参观我们这里新建的教堂。

办完公事后，沃尔特牧师便在父亲的陪同下来到了我家。

由于我曾多次听说过沃尔特牧师的名字以及他为人们所做贡献，便对他格外热情，向他表示出极大的尊敬。

然而，对于我的热情，沃尔特牧师并没有友好的反应，反而显得有些冷淡。他只是很客气地向我问好，并不像父亲的其他朋友那样很随便又友好的态度对待我。

当时我感到非常奇怪，但我仍然按照父亲平时的教诲，尽量保持热情友好地对待他。

仅管这样，沃尔特牧师始终以非常客气的态度对待我，似乎有一种无形的力量在约束着他。

不仅如此，我还发现他与父亲也始终保持着很客气的谈话方式，从来没有说一句很随便的话。父亲在与他说话时也和他一样，一反平素爱开玩笑的习惯，好像变了一个人。

由于父亲一直是一个比较风趣的人，今天却显得过于一本正经，这引起了我的注意和好奇心。

沃尔特牧师走后，我便问父亲："爸爸，我觉得你今天有些怪。"

父亲问："为什么呢?"

我说:"你平时最爱开玩笑了,为什么今天显得有些局促不安呢?"

父亲说:"卡尔,你真是个敏感的孩子,爸爸的这种微妙变化你居然也发现了。"

我说:"是的,不仅是你,那个沃尔特牧师也有点怪,一副神不守舍的样子。"

父亲说:"这没有什么,或许沃尔特牧师的性格就是如此。"

我说:"沃尔特牧师,可能是因为性格,可你又是为什么呢?"

父亲说:"我嘛,或许是因为我与沃尔特牧师交往不久,还不太熟悉。"

我说:"我认为,既然沃尔特先生是客人,我们就应该热情款待。你不是常说要友好地对待他人吗?"

父亲说:"是的,我们都应该友好地对待他人。可是,有时候我们不得不把握好分寸。"

我好奇地问:"分寸?难道善意地对待他人还需要什么分寸吗?不应该尽全力去对他人表示友好吗?"

父亲说:"人的内心世界是很复杂的,有些人你不了解,也不知道他与你交往的用意和目的。所以在你不太了解他之前,应该学会掌握好分寸,这样对你和别人都会有好处。"

对于父亲的话,当时我并不能完全理解,但隐隐感觉到了父亲所说的话中包含着的对我有益的东西。

事实上,多年以后我慢慢地对人的内心世界有了更深的了解,也渐渐懂得了如何恰如其分地与人交往。

父亲的教育使我在以后的人生之中获益非浅。

择友而处

父亲常说,人必须具备敏锐的分辨能力,否则将会在社会中寸步难行。当然,这种分辨能力指的是对周围事物,特别是对人的判断能力。

在进入大学之后，我认识的人越来越多，也越来越复杂。加上我有个"神童"的称号，与我交往的人更是比我这个年龄的人应该交往的要多得多。

按照常理，我一个九岁多的孩子应该只进行非常有限的交往。然而事实是，我不得不花很大的精力去与他人进行广泛的接触。

这样一来，如何认识与我交往的人是怎样的人便成了我必须解决的问题。

在洛赫村老家的时候，虽然我也有许多要好的小伙伴，但他们都是非常朴实的孩子。他们与我一样，除了学习之外就是想办法玩更多有趣的游戏。在那里，我和小伙伴之间根本不存在什么人际关系，只是由于性情相投便在一起玩耍罢了。

然而现在，我不得不考虑应该与谁交往，应该不与谁交往。并且，我也不得不考虑谁是我真正的朋友。

上大学时，由于我的年龄较小，又因为我非常有礼貌，所以赢得了同学们的尊重。那些比我年龄大得多的同学都把我当成兄弟来看待，平时非常照顾我。

大多数同学都与我有非常亲密的交往，只有米奇维诺与我来往很少。

米奇维洛是一个比较内向的人，他不善于和别人打交道，再加上他有口吃的毛病，使他时常成为别人嘲笑的对象。

有一天，我就某个学习上的问题与同学泰勒发生了激烈的争吵。这本来很正常的事使我差一点陷入被孤立的境地。

泰勒是同学中最英俊的一个人，不仅成绩优秀，体育也非常好，时常在学校举行的各种竞赛中获奖。可以说，他是同学们的偶象，也是他们的"精神领袖。"

以前，我与泰勒相处得很不错。或许是因为我年龄小的缘故吧，他也十分照顾我。没想到，由于我对他的某些看法指出了异议，便在不知不觉中得罪了他。

这样一来，不但泰勒不再理我，其他的同学也不像以前那样对我好了。

渐渐地，泰勒便在各种小事上找我的麻烦，并时常同其他的同学对我冷言冷语地大加嘲讽。

有一次，由于我的一篇论文获得了老师的表扬，泰勒就别有用心地找到了我，当时，他还带了好几个其他的同学。

一见到我，泰勒就说："卡尔·威特，听说你是一个神童，那么就给我们讲一讲你有什么过人之处吧。"

我说："我并没有什么过人之处，也不是什么神童。"

泰勒说："你今天得到了老师的表扬，是不是很得意。"

我说："老师表扬我，是对我的鼓励。我不觉有什么可得意的。我也从来不为这种事感到得意。"

泰勒说："你不要把自己说得像个圣人一样。其实你心中一定很得意，很满足吧。"

对于泰勒的挑衅，我只能采取置之不理的态度，便一声不吭地转头就走。

没想到，泰勒居然动手拉住了我："你不要太傲慢了，一定会倒霉的。"

我说："请放开我，我还有其它的事。"

泰勒哈哈大笑起来，转头对其他的同学说："我们的小卡尔·威特真是个大忙人啊！

一个小不点儿，他有什么重要的事呀！"

同学们也附和地笑起来。

我说："年龄小，就不能有其它的事吗？我不想再和你纠缠下去，请快放开我。"

泰勒不仅没有松开手，还抓住我狠狠地摇了几下："我就是不放你，看你有什么办法。"

我用力挣扎，但他的力气比我大许多，使我无法挣脱他抓住我衣服的手。

这时，那几个同学哈哈大笑起来，就像在欣赏一出滑稽戏。

泰勒说："原来我们的神童是个没用的东西，我还以为你有什么

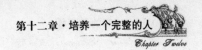
大本事呢！"

正当我感到为难的时候，一个人突然冲上来站在了我和泰勒之间："快……快……放开……开……卡……尔……威特。"

这个人正是与我交往很少的米奇维诺。

这时，泰勒和那几位同学笑得更厉害了，他们都开始模仿米奇维诺的口吃声。

米奇维诺气愤极了，便尽力指责他们，但越气愤，他说的话也就越不连贯，招来的只是更多的嘲笑。

……

事后，我把这件事告诉了父亲。

父亲对我说："卡尔，生活就是这样。平时与你交往密切的人不一定是你真正的朋友。他们有可能为了某种目的与你交往，也有可能因为你是名人与你交往，也有可能因为你能满足他们的某些愿望与你交往。然而，在你真正需要他们的时候，他们都常常远离你，甚至站在与你不利的一方。就像那些附和泰勒的同学，他们平时一定对你很好吧，但当他们发现比你对他们更有用的泰勒和你产生矛盾的时候便毫不犹豫地站在了他的一边。至于泰勒，他仅仅为了一点小分歧就开始欺负你，更算不上是什么朋友。那个平时不爱说话，又与你没有多少交往的米奇维诺却在你需要帮助的时候挺身而出，他才是你真正的朋友。"

父亲的话让我感到羞愧，因为在那之前，我也曾和泰勒一起嘲笑过米奇维诺。

这件事是在我上大学不久时发生的，虽然那时我只有 9 岁，但我通过这件事认识到了这样一个道理：在危难时挺身而出给予帮助的朋友才是真正的朋友。

自那以后，米奇维诺成了我大学之后最要好的朋友。值得高兴的是，他现在是我儿子的教父。

意料不到地率性而为

我是一个非常谨慎的人。这一点在我很小的时候就表现了出来。或许是由于天性，或许是由于教育，在我的性格中有许多颇具理性之处

我想，文明就是一个从野蛮向理性发展的过程。在许多历史文献中，理性总是倍受推崇的东西。人类自从有了理性，也就意味着彻底地与动物拉开了距离。对此，我深信不疑。

然而，对于一个健全的人来说，仅仅具备了理性就足够了吗？我认为，正确的答案是否定的。

在社会交往中，许多人常常采取理性的态度，以为只有这样才能做到妥贴地处理好人际关系，并在社会中生活中立于不败之地。可是，这种观点和态度并不完全正确，因为许多问题是无法仅靠理性就能解决的。而且，如果一切都以理性出发，带来的结果往往是使生活枯燥而无趣。那么人生的快乐也会在过于理性中失去生机。

我曾经见过许多这样的人，他们每天为人际交往伤透脑筋，妄图想在与人打交道的过程中面面俱到。但是，这样的做法往往是适得其反。他们常常陷入人际交往的不良旋涡中，不但没有达到面面俱到的目的，还使自己变成了谨小慎微的人。

我在16岁时获得了法学博士学位，并有幸被任命为柏林大学的法学教授。虽然，那时已经不再是学生，但我仍然还是一个不大不小的孩子。

在人们的概念中，博士、教授这些名词都与成熟或有经验紧密相联。对于我这样一个年纪不大的年轻人来说，成为教书育人的教师可以说要比其他的人更为艰难。

然而既然上帝作出了如此的安排，我也只能免为其难，只能尽自己的全力去作一位合格的教师。

说实话，虽然我已经成为了一名教授，但当时的处境并没有别人想像的那么乐观。在同事们的眼中，我是一个年纪很轻的少年，也可以说是个半大的孩子；在学生们的眼中，我更是一个与他们没有多大区别的人。

由于这样的原因，我在许多方面都不能做到将自己的才能完全发挥出来。因为身处于学者林立的柏林大学中，我还没有建立起足够的信心。

在一次讲课中，一些学生故意为难我，不仅专门提一些偏激的问题，还在课堂上任意起哄，使我感到非常为难。

面对乱哄哄的课堂和那么多与我作对的学生，我简直不知所措。因为我如果一本正经地继续讲课，一定会遭到学生们各种方式的排斥，如果我发怒或停止讲课，又担心会引起更糟的局面。

我不知道那一天是怎样熬过那段时间的，但那种令人难受的感觉至今仍保留在我的脑海中。

那天上完课后，我立刻给父亲写了一封信，向他诉说了我的苦恼，并向他请教解决问题的办法。

对于我来说，父亲永远是能使我冲天迷雾的导师。他的回信使我茅塞顿开，不仅让我找到了处理问题的方法，也让我懂得了应该怎样成为一个令人尊敬的人。

父亲在信中说："生活中有许多令我们困绕的难题，但我们惟一的选择就是尽自己最大的努力去解决它。你现在已经不是小孩子，能做到容忍他人是一个不小的进步。然而，生活中有许多事是不允许一再容忍的。理性固然重要，但在某些时候你不妨完全凭自己的感觉去处理问题。对于某些事，在适当的时候，你完全可以率性而为，不必事事谨小慎微。"

看了父亲的信后，我对他的话作了很深层的思考，并想出了怎样处理学生们在课堂上起哄的方法。

在另一次授课时间，我胸有成竹的站在了讲台上，发誓一定要在今天的课堂上改变学生们无知的态度，也一定要改变他们对我的认识。

像往常一样，正当我要为学生们讲解一个关键的课题时，他们又开始向我发起"攻击"了。

有些人交头接耳地说着与课程无关的话题，有些人故意大声嚷嚷，也有些人向我提一些莫名其妙却自以为聪明的问题。

课堂上乱哄哄的一片，尤如一个自由贩买商品的阿拉伯市场。

对于这样的干扰，我尽力保持着自己的镇定，耐着性子继续为那些仍然认真学习的学生讲课。

突然，一个学生冲着我大喊了一声。课堂上顿时安静了片刻，但随即又变得更加哄闹。

他说一句带有侮辱性质的下流话。

对于他的挑衅，我是怎样回应的呢？

一向理智而温文尔雅的我突然之间像变成了另外一个人：我也向他大喊一声，我说了一句比他更为下流的话。

顿时，乱哄哄的课堂突然安静了下来。静得像一个被人遗忘的坟墓。

学生们目瞪口呆地看着我，被我的这一举动惊得不知所措。他们万万没有想到我这个身为教师人居然也会说粗口，甚至比他们来得更直接，更有"震撼"力。

这时，我恢复了平时的口吻，慢慢地说："刚才说脏话的那位先生，不要以为只有你一个人有这样的本事。事实上，你并不是最高明的，你的这种本事任何人都能很轻易地学会。你知道为什么吗？因为这种本事是最低级也最无趣的，任何有风度的人都不屑于学会它。"

从那天起，再也没有人在课堂上与我作对。我的课堂从乱哄哄的市场变成了真正学习知识的殿堂。

第十三章

Chapter 13 **成人化儿童的教育**

> "学习的意义在于使自己成为快乐的人。如果儿子你为了学习而失去了生活的乐趣，那么活着还有什么意思。"

我很惊人，但我不是神童

1809 年 12 月 12 日，我通过了莱比锡大学的入学考试，并得到了校方准许我入学的通知书。1810 年 1 月 18 日，我在父亲的陪同下来到了莱比锡大学。

那天，我见到了校长乔斯博士。

一见到我，乔斯博士便热情地说："你好，卡尔·威特先生。今天终于见到你了。"

我很有礼貌地说："谢谢。见到你我也非常高兴。"

接着，乔斯又对父亲说："卡尔·威特先生，真没想到，您的儿子是如此谦虚的人。有关他的传说，我早已听到过。在这之前，我还以为他是个狂妄的孩子。今天见到了，我才明白他完全与其他神童不一样。"

我对乔斯博士说："乔斯博士，你这样说真让我感到难为情。"

乔斯博士是个豪爽的人，未等我把话说完，便立刻问道："什么？

我怎么让你感到难为情啦?"

我说:"我只是一个尽自己努力去认真学习的人,或许有了一点成绩,但那也是微不足道的。您把我与那些神童相提并论,这真让我难为情。"

乔斯博士说:"是这样的呀!其实你用不着那么谦虚,你本来就是个神童嘛!这是众所周知的事。"

我说:"不,我不是神童,只不过比别人更努力罢了。"

接着,乔斯博士与我谈了许多话,我们的话题涉及到学术的各个领域。

谈话结束后,乔斯博士对我父亲说:"您的儿子果然名不虚传。我在和他谈话的过程中,根本没有注意到他只是个仅仅 9 岁的孩子。这真难得呀!是他的学识让我忽略了他的年龄,这真令人惊奇!"

之后,乔斯博士又和我父亲交谈了很长时间,向父亲询问我的教育情况。

这次会面结果后,乔斯博士立刻向市里的权威人物写了一封信,极力向他们推荐我。他在信中写道:

"我今天见到了闻名已久的卡尔·威特先生。这个刚刚 9 岁的孩子真是令人惊叹不已。虽然年仅 9 岁,但他的学问已经远远超出了那些十八九岁的大学生。

"他掌握的学问涉及到文学、历史、地理、科学等各个领域,并且无论在哪一方面都有很深造诣。他能熟练地翻译意大利语、法语、拉丁语、英语以及希腊语的文章,并能深刻地理解这些文章的内容和含义。

"人们都说他是一个神童。见到他后,我对此更是毫不怀疑。然而,这个被他人称为天才的孩子并不承认自己是个神童,他把这些成就完全归功于努力学习以及他父亲对他的培养和教育。

"在与卡尔·威特的父亲——洛赫村的牧师威特博士交谈过后,我不得不相信他所说的话。因为他父亲那些独具特色、精深至微的教育方法的确令人感到信服。他父亲的教育观念是我在这之前从未听说过的。然而,只要是任何稍有头脑的人都会认识到,这些方法是有效的，是精妙的。

"可以这样说，卡尔·威特的成就完全都是他父亲教育的结果。我希望社会各界能够对此引起重视，尽可能将卡尔·威特博士的教育方法向社会推广。

"我认为这是一个美好的事业。"

乔斯博士的信引起了极大的反响。由于他的呼吁，社会各界人士都向我伸出了援助之手。

我父亲是一个贫穷的乡村牧师，没有足够的经济能力陪我到莱比锡上大学。正当我们为此发愁的时候，我们收到了来自社会各界的赞助。

乔斯博士本来预定每年筹款4个马克，但实际上我们得到了8个马克。不仅如此，有关部门还专门为父亲重新划分了从事牧师职业的区域，发给父亲双倍的工资，让他更加安心地为我的教育付出努力。

我真是一个幸运的人。

一手画圆一手画方

为了得到国王的辞职许可，父亲带着我来到了卡塞尔。由于我的学识受到了大臣们的赞识，他们便要求我留在国内学习。

他们极力向国王推荐，最后在国王的亲召下我进入了著名的哥廷根大学。

在哥廷根大学的四年学习生活中，我获得了许多更新更深入的知识，也对学习以及生活有了更深的认识。

在大学里，我学习了古代史、物理学、数学、化学、植物学、解析学、博物学、政治史、文学史等课程，并在每一科目上都取得优异的成绩。

或许由于我的优异成绩，或许由于我的年龄太小，有些人便开始在背后议论我。

他们说："卡尔·威特年龄那么小就能够学好那些非常难的课程。

如果不是真正的天才，就一定是在父亲的逼迫下拼命学习。"也有人说："这个孩子真可怜，一点生活乐趣都没有，简直成了学习机器。"甚至有人大加指责我的父亲："这样的人真不配作父亲，为了自己的目的，简直不顾孩子的死活。"

无论这些人出于怎样的动机，但有一点是任何人都不能否认的：我在学习中既没有感到很困难，也没有感到很吃力。相反，我觉得很有乐趣。

我父亲不但从来没有逼迫我学习，反而时常劝我不要因学习而失去了生活的乐趣。

实际上，我在大学里的学习生活是轻松愉快的。人们对我的担心完全是多余的，因为在大学里我不仅能够用心于学习，还时常和同学们一起参加各种课外活动。

除此之外，我还有一群兴趣相投的好朋友。

他们便是我的琴友们。

我在前面提到过，在小时候，父亲除了让我学习书本上的知识以外，还非常注重对我艺术修养方面的培养。

我从小就会演奏钢琴和吉它，音乐已经成为我生活中的第一爱好。我在音乐中感受到的快乐也是我最大的快乐。

进入大学后，由于钢琴体积太大，不易携带，我便把这一兴趣完全放在了吉它上。实际上，吉它是一种最美妙的乐器。它不仅能用于伴奏，也可以独奏，既能演奏连贯的旋律，也能奏出复杂的和声。

以前，吉它的独特魅力并没有引起音乐界的重视，认为只是个民间的乐器，不能登入高雅音乐的殿堂。然而现在，越来越多的人发现了它的魅力，并为它在乐器之中的地位付出努力。

至今为止，吉它已经被列为与钢琴、小提琴齐名的三大乐器之一。它被人们称为"乐器中的王子"。

在刚进入大学时，我对大学生活感到陌生，对大学有一种神秘之感，也为自己能否在大学中仍然得到优异的成绩而担心。当时，我的想法是：现在我已经是大学生了，一定要把所有的精力都放在学习上，其它的爱好都可以暂时放弃。

我的这种心态被父亲感觉到了。

有一天，他装作若无其事地问我："卡尔，怎么好长一段时间没见你弹吉它了？"

我说："我不想再弹了。"

父亲问："为什么呢？"

我说："现在我已经是大学生了，应该把所有的精力放在学习上。"

父亲说："你的意思是说以后再也不需要吉它，再也不需要音乐了吗？"

我说："也不完全是这样的。只不过……"

父亲说："只不过音乐不是最重要的事，对吗？"

对于父亲的这个问题，我真不知如何回答，便一言不发地低下了头。

父亲说："你难道忘了我曾给你说的话吗？学习的意义在于使自己成为快乐的人。如果儿子你为了学习而失去了生活的乐趣，那么活着还有什么意思。"

我问父亲："爸爸，那么你认为我应该怎么办呢？"

父亲说："如果你真的对音乐失去了兴趣，那么你完全可以放弃它。如果你仍然喜欢它，我劝你继续坚持每天练习吉它的演奏。因为这会使你得到更多更美好的东西。"

从这以后，我对学习与爱好之间的关系有了更深的认识，也对人生的意义有了更深的感悟。

后来，我不仅在吉它演奏上取了很大的进步，也通过吉它认识了许多与我兴趣相投的新朋友。

我们时常在一起交流演奏技巧、交流对音乐的理解，也一起体会某一把吉它的音色，甚至对某一套琴弦的特色也作细细的品味。

在那些美妙的时刻，我了解到了更多的吉它音乐和吉它音乐家，也认识到了这些音乐以及音乐家在音乐史上的地位以及贡献。

就这样，我知道了索尔、朱里亚尼、泰勒加、阿瓜多等优秀的吉它音乐家，也学会了《泪水中的帕凡》、《阿尔汉布拉宫的回忆》等美妙动人的曲子。

　　现在，我时常演奏这些美妙的音乐给我的儿子听。我希望他也能在未来的生活中享受到上帝为我们创造的这种最美好的东西。

孩子偏科，父母有过

　　由于我的数学成绩非常优秀，数学教授米开斯维里先生便专程到我家拜访父亲。他热心地对父亲说："卡尔·威特先生，我认为你的儿子在数学方面有过人的天赋，如果现在开始对他进行特殊的培养，一定会使他成为一个卓越的数学家。"

　　父亲说："您是位数学专家，您的话当然极具权威性。我也非常感谢你对我儿子的厚爱。可是，我认为现在就开始让他选定以后的专业方向，时候还太早了一些。"

　　米开斯维里教授不解地问："为什么呢？尽早地开始不是更有益于他的发展的？"

　　父亲说："我是这样想的，卡尔今年才14岁，他应该趁着自己年龄还小多学一些知识。至于专业嘛，我想要在18岁以后才能决定。在这之前，他应该尽可能学习所有的学问，这对他的将来一定有好处。"

　　米开斯维里教授说："难道你不愿自己的儿子成为优秀的数学家吗？他在这方面有极高的天赋。"

　　父亲说："我认为，对于卡尔的专业，应该由他自己来决定。如果到了18岁，他仍然愿意并喜欢教学，我一定会支持他的。可是，现在这一切都还太早。"

　　虽然米开斯维里教授的好意遭到的谢绝，但他在听了父亲的讲解后仍然同意父亲的观点。

　　那一天，米开斯维里教授对我说："卡尔，好好学，我等着你。"

　　米开斯维里教授真是一个善良而大度的人，他没有因父亲的谢绝而生气，反而以师长的气度在以后的日子里给予了我极大的帮助。

　　从哥廷根大学毕业后，我便进入了海德堡大学专修法学。

在离开哥廷根时，米开斯维里教授依依惜别地为我送行。他对我说：“卡尔，你父亲的观点是正确的。现在还小，应该尽可能地多学知识。你选择了法学，我为你感到高兴。不过，在你把精力放在法学研究的同时，千万不要忘了数学。因为数学仍然是世界上最迷人的学问之一。”

恐怕小孩子都有见异思迁的毛病吧。虽然我已经14岁，已经获得了博士学位，但我仍然是一个孩子。在我进入海德堡大学之后，这种孩子气的毛病也在我身上表现了出来。

由于我在海德堡大学专修法学，也由于法学是我以前未接触的新领域，于是我对它产生了极大的兴趣。每天将所有的学习时间都用在了法学上，如饥似渴地学习着法学知识。

这样一来，我在不知不觉中忽视了其它方面的学问。本来我是一个全面发展的学生，但这种不经意的忽视使我差一点变成一个偏科的学生。

第一学期结束后，我的法学成绩获得了优等，得到了法学教授的表扬。然而，令我头痛的是，我其他学科的成绩都一落千丈，差得真令人难以置信。

看到学校发来的成绩通知书后，父亲立刻找到了我。

虽然谁都能看出父亲脸上那种不满意的神情，但他仍然保持平静地对我说：“卡尔，这是你的成绩通知书。想必你已经知道了自己这学期的成绩。我想问一问，对此你有什么样的看法。”

对于我来说，这是第一次因成绩不好而遭到父亲的责问。我当时真不知如何回答。只能一言不发地低下了头。

父亲说：“卡尔，你是一个明事理的孩子。我想你已经认识到自己的错误了吧？”

我点了点头。

父亲问：“那么告诉我，你错在了哪里？”

我说：“我把全部的精力都放在了法学上，没有对其它学科给予同样的重视，才使我其他成绩退步了这么多。”

父亲说：“我看，这件事没有这么简单地吧。”

听父亲这样说，我并没有明白他的意思，便不解地问道："爸爸，我觉得就是因为没有重视其他学科，才造成这样的结果。你认为还有别的原因吗？"

父亲说："当然。任何事情的特点都有其终极原因。你现在不重视法学之外的学科，当然也有原因罗！"

我问："是什么原因呢？"

父亲说："说到底，最根本的原因还是来自于你的自负。因为你的学习成绩一向都很优异，这使你产生了自大的心态。法学是新课程，你为了在这一方面仍然能够得到优异的成绩，便以全力对待他。你认为自己的其它课程一直都很好，便对它们产生了轻视的态度。你以为即使不下苦功也能保持住成绩，但事实并非如此。要知道，做任何事情都和逆水行舟一样，如果不努力进取，便一定会后退。我想，这才是你成绩下降的真正原因吧。"

父亲的话使我羞愧难当，也使我真正认识到了自己的错误。

在成绩下降的科目中，有我曾经引以为荣的数学。这使我想起了半前年米开斯维里教授对我的忠告："在你热心于法学的时候，千万不要忘记了数学，因为它仍然是世界上最迷人的学问之一。"

当时，我感到难过极了。认为自己既对不起父亲也对不起米开斯维里教授。为了满足自己争优异的心理而辜负了两位长者的教育和希望，真让我无地自容。

在这以后，无论在任何时候我都尽力不被某些虚无的事物所迷惑，而真正成了一个脚踏实地为学习和工作付出努力的人。

"做一个真正的男子汉"

不知不觉之中，我已经快十六岁了。虽然我仍然在大学读书，但我已经是一个哲学博士了。

在他人眼中，我一定是一个只会学习和工作的人，一定没有一般人那样的感情。事实上，这是人们对我的一种误解。

我曾多次以各种事例说明，我并不是一个神童，也不是一个超凡脱俗的天才，只是一个与其他人一样的凡人。

除了学习和工作之外，我仍和千千万万年轻人一样，有许多奇特又正常的内心世界。

在海德尔堡大学求学期间，我有了第一次爱情体验。虽然那不能称为真正意义上的爱情，但仍然可看作是我的初恋。

人们都知道，初恋是单纯而美妙的，也是令人难以忘怀的。而且，在很多时候，这种单纯的爱情也不是无知和浅薄的。不管怎样，我们每一个都有初恋，每一个孩子都将面临初恋。

对于我来说，那一段爱情，或初恋似乎来得太早了一些。因为当时我只有十五岁多一点，还要过四个月才满十六岁。

如果不是因为我是一个学历很高、已经在攻读另一个博士学位的人，我想，一定会有人对我的这种感情进行干涉甚至禁止。虽然我没有遭到旁人的禁止，但也引起了背后许多人的议论纷纷。

当时，对于别人的议论我已经清楚地感觉到了，也感到了无法言说的痛苦。但是现在想起来，别人对我的议论是完全正常也是可以理解的。因为大多数在我这个年龄的年轻人还在读中学呢。

人们不允许一位中学生恋爱，是完全正常，也是理所当然的事。

我遭受到的仅仅是背后的议论，这对我来说，已经是非常幸运的事。

父亲得知此事后，并没有像大多数父母那样对我严加指责，而是采取了理解和宽容的态度。

有一天，父亲专门为此与我作了一次很长的交谈。

父亲问我："卡尔，你真的很爱她吗？"

我说："是的。她是我惟一爱的女孩。"

父亲说："爱上一个人真是美妙的事。可是，你爱她什么呢？"

我说："她很漂亮，很迷人。我一见到她，心里就产生一种莫名其妙的激动。"

父亲说："我真羡慕你，因为你感受到了爱情的甜蜜。"

听父亲这样说，我便不再像先前那么害怕了。"那么，你不反对

我吗?"

父亲笑着说:"你感受到了美好的事物,我为什么要反对你呢?"

我说:"可是,有许多人在背后议论我,说我这么小就恋爱,是一个不正经的人。"

父亲说:"卡尔,每一个人都有自己不同的想法和观点。他们认为你不对,那是他们的事。

这与你完全没有关系。对于别人的议论,你完全可以置之不理。爸爸相信你是一个品格高尚的人,也相信你不会因此而犯错误。"

我问:"那么,谈恋爱并不是什么不正经的事罗!"

父亲哈哈大笑起来:"什么?有人说谈恋爱是不正经的事吗?简直胡说八道。世界上的每一个人都要恋爱,都需要爱情,除非他是一个极其特别的人。我和你母亲如果没有爱情怎么会结成伴侣呢?又怎么会有你呢?"

我说:"爸爸,看来你是支持我的。你能理解我,真让我感到高兴。"

父亲说:"爸爸一直是支持你的,除非你是在做蠢事。不过,对于这件事,我一定要给你提一些意见。"

我说:"你的意见我总是乐于接受的,请你尽管说吧。"

接着,父亲便问了我几个问题,这些问题使我对爱情有了更深的认识,也让我对这一件事有了新的看法。

父亲问:"你现在几岁了?"

我说:"十五岁。"

"那么,你现在主要的任务是什么呢?"

"是学习。"

"你认为爱情是什么呢?"

"爱情是……"

"你能保证让那个姑娘一生幸福吗?"

"我……"

"你能保证她会永远爱你吗?"

"……"

"你能确定她永远不会改变吗？"

"……"

或许，另一个情窦初开的年轻人会毫不犹豫地回答"我能保证"、"我能确定"。我也想这样做出肯定的回答。然而，在父亲向我提出这些问题时，我隐隐感到这些问题并不是用简单的誓言就能回答的。

见我无法回答这些问题，父亲便耐心地开导我："爸爸是经历这许多事的人，对人的感情也有比较深的了解。我相信你的感情是真诚的，但很多事情不能仅用真诚去对待。世上的任何一个女人都希望自己的丈夫是一个真正的男子汉，是一个有所作为的人。你要爱一个人，就必须对她负起责任，必须有使她获得幸福的能力。如果你认为自己暂时不能做到这一点，你就必须学会如何控制自己的感情。否则，最后带来的一定是不幸的结果。"

在这次谈话中，父亲没有一句指责我的话，也没有对这件事作任何的评介，只是向我讲明了他对爱情的理解。

然而，父亲的话都对我产生了极大的影响，使我不得不对这件事进行重新的思考。不久，我打消了追求那位女孩的念头，把一切精力和时间都放在了学习上。

在以后的日子里，我始终把学习和工作当作我人生中最主要的事。"成为真正的男子汉"是我少年时代惟一的梦想。

直到有一天，上帝把一位天使般的女子带到我的身边时，我又一次感到了爱情的美妙。这是上帝赐给我的真正的爱情。

这位女子就是我现在的妻子。

第十四章

Chapter 14 父亲给我的生命理念的忠告

正规教育只是给你知识的积累，而不能赋予你精神的活力和创造性。

因此，希望你能妥善地协调好独立研究与接受知识之间的关系。只有这样才可能做出成绩来。

学习知识的最终目的是寻找智慧，这也是我对你最大的期望，成为一个有智慧的人。

不可忽视的学校教育

1818 年 7 月 9 日，对别人来说也许这是平常的一天，可对我却非常有意义。这一天是我满 18 岁的生日，意味着我已是成年人了。父亲一直说我年纪太小，不放心我一个人去意大利留学，在这一天，他终于同意让我出国。

从我出生到长到 18 岁，我始终在父亲身边接受教育，从未有稍离。即使我在大学读书，父亲也为了照顾我而举家迁至哥廷根。那一年我第一次离开了父亲，作为一个独立的人面对生活。

父亲虽然不在我身边了，但他的心始终牵挂着我，他对我的教育也始终不曾中断。我在意大利求学的三年里，父亲给我写了八十多封信。在信里，他仍然像以前那样谆谆善诱，教给我人生的道理、为人处世的方法、做人的准则等等能使我拥有一个幸福人生的一切。

现在，我就选择了几封罗列在下面，希望大家能和我一般得到许多教益。

亲爱的卡尔：

你来信说你已经开始研究但丁，我觉得很好。即使你今后选择了它作为终生的事业，我也不会反对。

自从你从哥廷根大学毕业后，我就在考虑你今后的出路。如果打算让你早日成名，作为上策最好让你钻研迄今为止所获得的学问的某个领域。但经过慎重考虑，我放弃这条捷径，因为这样做只能使你成为侧重于某一个领域的学究。

为了使你的知识结构更全面，我才决定让你去学法学，可不是帮你决定专业方向。当时有位数学教授得知此事后深感遗憾，他问我为什么做这样的决定。

我告诉他："决定专业方向应该是 18 岁以后的事，在那之前应该学习所有的学问。等到 18 岁后，如果卡尔喜欢数学的话，那就让他搞数学好了。"

总而言之，我希望你能从事自己真正感兴趣的研究，只有这样你才能从中得到最大的快乐和慰藉。

有一件事我想提醒你，虽然你已拿到了博士学位，早已开始进行课题研究了，但请你仍然不要忽视学校的教育。

正规的学校教育是我们接受教育的一条不容忽视的途径。好的学校不仅传授知识，还会为你提供一个了解周围世界的环境。我想这正是你一直以来所缺乏的。

你没有上过中学，一直在我身边受教育，即使进了大学也有我的陪伴，对世情的了解是不够的。你在意大利上大学，正好可以补上这一课。

但学校教育同时又容易让人失落，因为它通常与我们的兴趣和信仰无关。

然而，当你感到正规教育不堪负担时，不要马上将它弃之不顾，要有耐心再坚持一会儿，然后你会发现你已到达了一个新的境界。因为，知识都有一个不断积累，由量变到质变，最后实现飞跃的过程。

所有的学习者都会经历这样的过程。记住，做学问是不能急功近利的，也没有捷径可走，必须踏踏实实，一步一个脚印地走过来。虽然真正的学者都迫切希望独立研究,但正规学校教育的许多形式和方法仍是需要你去花时间学习的。它的力量远胜过你的热情,放弃它是顶危险的。

当然，正规教育只是给你知识的积累，而不能赋予你精神的活力和创造性。

因此，希望你能妥善地协调好独立研究与接受知识之间的关系。只有这样才可能做出成绩来。

学习知识的最终目的是寻找智慧，这也是我对你最大的期望，成为一个有智慧的人。

知识是多种多样的，智慧却是非凡罕见的；知识是有声有形的，智慧却是无言无形的；知识是外在的，是我们对所见事物的认识，智慧则是内涵的，是我们对无形事物的了解；有知识的人不一定有智慧，而拥有智慧的人决不会缺少知识。

所以你在学习知识时也要寻求智慧。寻求智慧的方法多种多样。你可以去游历四方，拜师访友，接触社会；还可困居斗室，埋首书海，冥思苦想。也就是说，你可以独处静坐，也可以投入到人群之中。而且，生活本身还会以潜移默化的方式赋予你智慧。

你要做的，只是向这些智慧之源敞开心扉，全身心去拥抱它们。因此，不要轻视任何一种学习方式，不论是学校教育还是独立研究。

我喜欢的诗人德米登在一首诗中写道："没有比品尝真理的滋味更为幸福的了，享受到真理的幸福是永生难忘的。

儿子，希望你现在正在享受这种幸福。

不要抛弃你的人生导师

亲爱的儿子：

"你已把你接触的几位教授的人品性情一一评述过了，我以为马勒教授是最可信赖的，我建议你选择他做你的人生导师。

　　我的这个建议也许会引起你的反感。你在几封信中反复提到你已经成人了，不再需要人生导师之类的。年轻人总是狂妄的，急不可待地要想从父辈那里独立出来，认为自己应付得了一切。你也是这样。你对我事无巨细地絮叨感到厌烦了，这种感情已在信中流露出来。

　　可我仍要坚持我的看法。不知不觉地由一个孩子长成一个成人，这是人生一世最危险的关头，所以你现在是应该格外当心的。我认为青年人应该特别小心地渡过这一关，不可照现在一般通行的情形一样，冒然脱离导师的指导，骤然置身社会，一切全靠自己。

　　青年人乍一离开严格的教育，立即就变得骄淫放荡，无所不为，世上有很多这样的例子。

　　我有一个贵族朋友，他儿子从小所受的教育是无可挑剔的。他给儿子聘请了一位学问渊博、品格高尚的人做导师。在这位导师的教育下，他的儿子成了一个谦顺端庄、简朴纯正的人。

　　我去他家拜访时见过他儿子，当时只有 16 岁，确实是个非常好的孩子，各方面都很合人心意。我一下子就喜欢上了他。

　　你记得吗，那时我经常在你面前提起他，还要求你要以他为榜样。

　　这个孩子满 18 岁以后，朋友认为儿子已成了人，于是放心地送他去巴黎求学。当时他的导师向他推荐了在巴黎的几位朋友，全是德高望重的人物，希望他能继续从他们那里聆听教诲。

　　可我那位朋友和儿子都以为没有这个必要，拒绝了导师的好意。

　　这孩子到了巴黎以后，很快便结识了一帮游手好闲的纨绔子弟。于是他遇到了另外一种"导师"，被那种"导师"引导着往邪路上走去。

　　那种"导师"告诉他说，他以前所受的管束，所听的教训，全是教育上的一种形式，全是为了拘束儿童使用的，而成年人是有自由的，以前因为年纪小被禁止享受的事物，现在都可以尽情地自由享受了。

　　那帮狐朋狗友把这些罪恶的观念灌输到入世不久的年轻人头脑

中，教他各种放纵的行为。他被那帮人包围着，成天都看到这种时尚煊赫的榜样，到了这种时候，他也就神昏目眩，把握不住了。

他开始跟他们一起喝酒赌博，与不名誉的女人混在一起，过着一切最放荡、最不规则的生活。他把以前的德行全抛弃掉，以此沽誉于那帮坏朋友，并以此表示自己的丈夫气概。

他的导师去巴黎时见到他堕落成这个样子非常痛心。然而他的心已经被邪恶所占据，再也听不进任何的劝导了。导师只得通知他父亲去接他回家，希望他脱离那个不良环境后能浪子回头。

但是已经晚了。当他父亲闻讯赶到巴黎时，他不仅浪荡完了所有的钱，还欠下了一笔数额巨大的赌债，并且已身染梅毒，躺在一家破旅馆里奄奄一息。他父亲把他带回家，可他已经完全被毁掉了。

而原来那些假装友善的狐朋狗友们，在他穷途末路时竟也加入进去欺负他。那时他才醒悟过来，人家之所以劝他舍弃导师所给的严正的训戒，舍弃自己理智上的主张，说那是被人管束，他们实际的目的，不过是想自己管他而已。他们使他相信自己是个独立自主的成人，寻的是自己的快乐，其实呢，他还完完全全是个孩子，被他们引诱去做最利于他们的坏事。

一个前途本有希望的青年，只因这样堕落下去，以致弄得名誉扫地，疾病缠绵，穷困潦倒，被人看不上眼，这难道还不足以作为你的殷鉴吗？

后来他的导师去看望他，他悔恨地说："当初如果听了您的话，去接受有德行的人的指导，我也不会落到这个下场了。"

我在这18年已经教会了你很多东西，但还有很多是你不知道的，我忽略了，或者认为你在那样的年纪还不便与闻。所以你必须继续学习。如果你不选马勒教授而选其他人也可以。不管什么人，我希望他具备两个条件，一是娴于礼仪，一是应该深知世情。凡符合这两个条件的，都是合格的青年导师。

对于人世的惟一防备，就是彻底懂得世情。我以为这里面有种绝大的智慧，不是泛泛地用点思考，或者多读一些书就可以得到，而必须依赖于导师的指导。

总而言之，我对你有两个要求，一是找到一位合乎理想的导师，二是谨慎地择友。只要你能做到这条，我也就放心了。"

让灵魂走出校园

亲爱的儿子：

从来信知悉你身体很好，我和你母亲都深感欣慰。你母亲老担心你会因吃不惯那里的东西导致身体衰弱。我说她是庸人自扰，谁都知道意大利是美食的国度，意大利人早有擅于羹调之名。我倒担心你会因沉溺于美食而伤及肠胃，不利于专心地学习。

不过这一切担心看来都是多余的。

身体健康是顶重要的事。除了注意饮食，你也应该多参加体育运动。虽然有些人只看到运动不好的一面就常常抨击它，但体育运动还是有显而易见的好处，特别是对于整天坐在家里做学问的人。

我建议你寻找一项自己热爱的体育运动并投身其中，这样你会在追求真理以外发现另一种乐趣，体会到与自然融为一体的感受。古希腊人正是这样做的。在奥林匹克运动会上，裸体健美的人受到欢呼与赞扬。希腊人既是哲学家也是运动健将，所以那真是个天才荟萃的时代。

有了健壮的身体，可以享受到很多乐趣，旅行就是其中之一。旅行不仅能磨炼我们的身体和意志，也能增长见识，补足从书本上学不到的那部分学问。

还记得从你很小的时候我就带你去各地旅行吗?结果你6岁时就成了洛赫附近最见多识广的孩子。

后来有人批评说这样做不值得，是不必要的浪费，那些钱不如用来给孩子买书收获更大。还有人说如果我不是这样大手大脚地花钱，也不会弄到连儿子上大学的费用也负担不起了。真是荒谬的批评!

虽然我只是个穷牧师，收入微薄，为了能有出门的旅费，全家人都得省吃俭用，旅行时也只能住最差的旅馆，但我认为一切都是值得的，我从没有后悔过。

那些人全是庸碌无趣的人，从未受到过旅行的诱惑或远方的召唤，只想像蜗牛那样安居乐业，他们是不可能理解我们这样的人的。

对我们来说，探险的冲动、对奇迹的渴望和对山那边的向往，这些强烈的渴望就像我们脑海中的回声。你应该在年轻时侧耳倾听这些回声，循着远方的呼唤出发前行。

以前你都是跟着我出门旅行，现在，你长大了，应该独自出门了。哪怕只有几天时间，你也要尝试一下旅行者的生活，这将是你的一段难忘的宝贵的生活经历。

让我告诉你我的一段旅行经历，你会明白它的魅力所在。

那时我还是神学院的学生，跟几个同学一起出外游历。我们在隆冬季节到达圣布鲁斯山脉的山口，漫天的鹅毛大雪封住了我们的视线，到处都是白茫茫的一片。

圣布鲁斯修道院的修士告诉我们："雪太大了，得下一两天呢，我看你们是走不了了。知道吗，前面那个山谷就是摔死过不少人的〈灾难谷〉，过了山谷，会有一百五十里荒无人烟的地带，那里只有灰熊在咆哮。

我和同伴都是血气方刚的小伙子，我们一致决定不走回头路，向前走。车夫赶着牛车在结冰的山路上艰难地行进，只要车轮稍一打滑，我们就会摔入悬崖，粉身碎骨。而帜压中又会增加几个白色的十字架。有几次车轮都滑到了悬崖边上，全靠车夫的奋力扑救，才使车回到正轨。

我和同伴都吓得脸色发白，紧紧缩在座位的角落里动也不敢动。我几乎已认定自己性命难保了。

可是突然间，我们冲出了暴风雨，天空一下子变晴朗了，凛冽的山风也已平息，周围是一片白雪皑皑、海浪一般起伏不息的蜿蜒群山，阳光透过变幻多姿的紫色云霞，照耀着我们前方一望无垠的辽阔平原。

这景色气势恢宏，美得令人眩目，它既静寂又喧哗，宛如天上仙境。我和同伴都被上帝的伟力所震憾和折服，我们都情不自禁地向太阳的万道金光跪下来。在那一刻里，我感到自己从未像这样接近过上帝的神光，我几乎已看到了他。就在那一刻，我决心将终生都奉献给上帝。

这就是旅行的魔力。在旅途中，丰富多彩的世界向你走来，属于别人的生活向你走来，你会遇到一些想像不出的人，看到无法用语言描绘的景象。

但有的人惧怕旅行的艰苦，情愿做观光客，浮光掠影地东走西看，什么也没得到。我希望你成为一个真正的旅行者，去从事艰苦的、冒险的旅行。不然，你怎能体会到站在古迹上的怀古之情？怎能亲眼看到大自然的壮丽奇观？怎会知道世上那千姿百态的生活方式？你又怎样才能真正知道生命是如此值得珍惜？

所以旅行是人一生中的必需。如果你不去探索未知的世界，整日坐在书斋里，你的感觉就会迟钝，世界变得狭小，眼界受到限制。很多大学里的学究不就总是这样一副漠然木讷的神态吗？如果你选择去过这种一成不变，舒适局促的日子，有一天醒来，你将会发现自己为了保持平静的生活而失去了梦想和活力。

不要让自己成为那样的人，儿子，勇敢地上路吧。你会发现与获得的知识和智慧相比，你所经历的风险和苦难是如此的微不足道。我对你的惟一要求是：一定要注意安全。

丘比特是个瞎子

亲爱的卡尔：

你来信向我请教如何面对爱情的烦恼，我很感谢你的信任。

你知道我读信后的感觉是什么？你已经真真正正长大了，我的儿子。我现在就是在跟一个成年人说话，说的全是成年人的事情。你母亲读信过后哭了，她一直还拿你当个小孩子呢。为人父母的大概都免不了这种感慨，似乎儿女们昨天还围绕在身边嬉笑玩耍，今天他们就成了大人，开始追寻属于自己的生活了。

爱情，怎么说好呢?爱情是上帝的花朵，它非常神秘，非常甜美，也非常痛苦。爱情既可以带来天堂，也可以带来地狱，有时候，它甚至还有毁灭的力量，这全得看你是如何对待它的。

爱情是怎么来的?什么时候来?为什么要来?这是人世间最大的谜，谁也不能给出答案。在古希腊传说，司爱情的小神丘比特只要用他的金箭射中了两个人，他们之间就会产生爱情，但丘比特是个瞎子，经常乱放箭，所以爱情的产生往往不可理喻。虽然这只是神话传说，可现实中也恰恰是这种情形啊。

对于爱情的这一特点，你应该了解并接受。如果你发现自己爱上了一个并不爱你的人，请善待自己，因为你并没有什么错，也不是你不够好，只是丘比特的箭没射中她罢了。

如果发现有一个姑娘爱上了你，而你并不爱她，这说明丘比特已经开始注意你了。那么，婉拒这份你没法回报的爱情是惟一的办法。记住，千万不要神气活现，伤害对方。因为，这并不值得骄傲，丘比特只是个瞎子啊。

最好的情形是你爱的人恰好也爱你。不过你要有这个心理准备，爱情并不都永恒。当爱神从两个相爱的人心中离去，你要做的只有接受，不要去挽留或责备对方。就让它走吧，因为这是无能为力的事情，要也要不来，留也留不住。

我的儿子，请牢记是爱情选择了你，而不是你选择爱情。

那些不明白这个道理的人，都会给自己的人生铸下大错。现在我就给你讲我年轻时的两个朋友的故事。

汉斯是跟我从小一起长大的朋友，家里很富有，大学一毕业就进入了家族的银行，准备以后继承它。他爱上了一个姑娘，一位贵族小姐，疯狂地追求她。那位贵族小姐是高傲的，身边挤满了众多的追求者，但她忽然对汉斯加以青睐，选择了他。

汉斯幸福极了，他是那样爱她，用尽全身心去爱。不过幸福也短暂极了，他们没能相爱多久，那姑娘又爱上了别人。她向他提出分手，请求他忘掉自己，去寻找新的幸福。

　　汉斯一下子跃入了痛苦的深渊，他无法接受这个事实，爱情竟然如此快地逃离开了他。他不甘心，再一次发起了热烈的追求，想把她夺回来。但是姑娘顶坚决，她明确地告诉汉斯她就是不爱他了，她只爱现在的情人，并且，他们很快就要结婚了。

　　在汉斯的心中，世界仿佛崩溃了。他从小受家里溺爱，对他有求必应，要什么有什么，他不能忍受想要的却得不到。汉斯有一天去了姑娘家里，用剑刺死了他的情敌和他所爱的人，然后自杀了。

　　另外一个朋友叫温斯顿，跟我是不常见面的朋友，但我对他的生活很了解。也许正因为不常见面，他很愿意跟我谈他的一切。

　　温斯顿还是个少年时对爱情充满了憧憬，那时他满脑子想的都是如何寻找一个完美的情侣。

　　这个女人生活在他的内心深处，他的幻想使她变得完美无缺。

　　终于有一天温斯顿认为已经找到了自己的梦中情人，那女孩在他眼里就是完美的化身。他们相爱了，还结了婚。随着时日的过去，初恋的激情慢慢退却，他们共同面对的是日常的生活。

　　她变得不那么好了，会发脾气，还有不少坏习惯，越来越世俗，越来越不像从前那个美丽的梦。当然他也会使她生气，使她不满。

　　他开始偷偷注意起其他的女人来，觉得她们似乎更有吸引力，和他的梦中情人更接近。而原先那个近乎完美的女人却变得枯躁乏味、平淡无奇。

　　他们开始争吵、流泪、闹着要分手，最终真的分了手。

　　不久温斯顿的生活里出现了另一个女人，他们相爱了一阵子，可她也像前一个一样，越来越不好，他们又分手了。

　　就这样，一个女人接着一个女人，她们来到温斯顿的生活里，但只呆一会儿又走了。他始终没有找到他梦中那完美的女人，所以他永远也停不下来。

　　这两个朋友都是不幸的，他们落入了爱情的陷阱。爱情的陷阱还有许多，你只要能一一避过就会得到幸福。

　　办法其实顶简单。当爱神降临到你以上时，张开双臂欢迎它，把充满心中的浓浓爱意赠给那个给你带来爱情的姑娘，并把它带给那些失意的人，带给你周围的人。当爱情消失了，无论是你的心里还是你情人的心里消失，你都要接受这个事实。请相信只要心胸开阔，它还会再次降临。

重要的是，务必谨慎对待你的爱情，一方面不要轻易付出，一方面要冒应该冒的风险寻找你的爱人。

我还必须强调一点，请不要因为爱情而耽误了学业。

好了，我在这方面对你的建议就是这些。祝你好运。

热爱生命

亲爱的卡尔：

希望你已经从悲伤中解脱出来了。亲密好友的去世确实是令人悲痛的事，何况你还这样年轻就面临死亡。可这是我们每一个人都必须面对的啊。总有一天，我也会这样离开你，而你也会的，你也会在未来的某一天离人世而去，没入永久的黑暗之中。

在这样的时候跟你讲这些是不是太冷酷了呢？毕竟你正处在丧友之痛中。可是，不要惧怕面对这个事实，我的儿子，任何时候也不要惧怕。

上个月，我参加了末拉尔波老爷爷的葬礼。因为你这样忧伤，我一直没告诉你这个消息，我想现在应该让你知道了。

记得吗，米拉尔波老爷爷顶喜欢你，你也顶喜欢他，小时候你经常央求我带你去他住的森林小屋里听故事。是的，米拉尔波老爷爷有一肚的故事，他活了95岁，是洛赫村年龄最大的老人，他什么都见过，什么都经历过。

现在，我也经常带着孩子们去听故事。我们总是受欢迎的，他每次都衣着整洁地站在门口迎接。

在他去世的前半年，身体状况急剧恶化，村里专门请了人去护理他。但他还是乐意给孩子们讲故事。他接受了身体每况愈下的现实，直到最后，安然地面对死亡。

　　我还从来没有见过谁如此平静，安详地面对死亡。真想让你也看看，让你知道人在死亡面前应该保持怎样的尊严。

　　关于死亡，我想告诉你我自己的一些体会。

　　许多年前，我才二十岁，在尼德姆小城身染重病。当时那里流传着一种可怕的流行病，城里已经死了很多人。死的人太多了，根本没有时间好好安葬，大家挖一个大坑，把尸体全堆到坑里埋了起来。

　　那情形可怕极了。而我自己也没逃脱传染，病得奄奄一息。我想我一定也要死了。

　　在一个凌晨，我等待着死神的降临。想到我还这样年轻，生活还没有开始，我心里充满了悲伤，请求上帝快来拯救我。这时我看到日食开始了，太阳一点点被黑暗吞没。

　　当时大地立刻变得一片寂静，马群安静下来，牛群一动也不动，鸟儿们也停止了叫声。当太阳完全消失在月亮后面的时候，牛屈膝卧倒，小鸟把头埋到翅膀下，万物仿佛都为之慑服了。

　　世界没有一丝风，也没有一点声音，只有那幽灵一样的日冕给黑暗的世界投来一点微弱的光。太阳似乎已离我们而去，人世间只有黑暗。

　　然而就在那一刻，某种神奇的变化发生了：我不再畏惧死亡，不再请求上帝的拯救，因为我的灵魂已经得救了。

　　直到现在，我也不知该怎样形容我当时的感悟。这是别人难以理解的，该怎么说才会使你明白呢，我的儿子？我惟一能说的是我当时超脱了死亡，超脱了我们每个人都必须承受的黑暗。

　　我知道以你的年龄还不愿意面对死亡，甚至也不想谈论它，因为它会夺走你所爱的人的生命，你惟一可以了解的生命，这的确值得为之哀痛。

　　可是你会惧怕上帝吗？死亡与上帝一样如此强大，以至我们完全毋需恐惧。归根结底，死亡并不是一种灾难，而是回归。我们从上帝那里来，又回到上帝那里去。这有什么可怕的呢？

　　我的儿子，不要惧怕死忘，但要珍惜生命，这就是我惟一能给你的忠告。

后　记

　　1810年，我进入了哥廷根大学，时年10岁，是该大学年龄最小的学生。这件事引起了极大的轰动。3月，父亲收到了他的朋友希拉德牧师的来信。其信如下：

　　我尊敬的好朋友，你终于完成了我们所约定的事情。你的儿子已经成长为他还没生下来之前我们所预期的那个样子——不，甚至超越了我们的预期。

　　10年前，你在我们那生病的好朋友格拉彼茨的床前，很兴奋地告诉他，不久以后你就要当父亲了，你希望有一个健康的宝宝。我还记得当时你说："如果我的孩子很健康，我要将他培育成一个优秀的人物。"当时，我的意见和你相反。不管你的计划是否成功，我认为优秀人物出生时并不在于他是否健康，而在于他是否有才能。往后我也不断地怀疑你到底是不是能够成功。

　　但是，后来格拉彼茨告诉我，你在短短的时间内，把以前大人们觉得非常愚蠢的孩子，教育成为卓越超群的少年了。于是我告诉他，我一定要看到你的孩子之后，才能够下判断。

　　现在，你的儿子就在这里，他拥有孩子的天真无邪和大人的成熟，是世上罕见的少年。他所显示出来的高贵和魅力，令人叹为观止。啊！上帝呀！如果能够让我们的土地上都充满这样的人，即使要我离开这片土地也可以。

　　当时父亲看完信后，欣慰感慨："这是对我的最大肯定啊！"

　　我以为这不仅是对我的最大肯定，更是对父亲不为人识的教育方法的最大肯定。

父亲是个淡泊名利的人，如果不是朋友们的力劝，他是不会出版《卡尔·威特的教育》的。

他写书既是为了答谢朋友们的帮助，也是为了让他的教育方法被更多的人所认识、所接受。

不过，看来他这个愿望已经落空了，这本书已几近绝版。

我之所以不惮其烦地写作这本书，是为了达成父亲的心愿，再一次将他的这一先进的教育方法推荐给大家。同时，也以此书纪念已逝去5年的父亲。

卡尔·威特

1836年10月

卡尔·威特的教育 11
Carl Weter's Educational Law 11